中国古代官制

王俊 编著

中国商业出版社

图书在版编目（CIP）数据

中国古代官制 / 王俊编著． —— 北京：中国商业出版社，2015.10（2023.6重印）
ISBN 978-7-5044-8558-8

Ⅰ．①中… Ⅱ．①王… Ⅲ．①官制－中国－古代 Ⅳ．①D691.42

中国版本图书馆 CIP 数据核字（2015）第 229241 号

责任编辑：常 松

中国商业出版社出版发行
010－63180647 www.c-cbook.com
（100053 北京广安门内报国寺 1 号）
新华书店经销
三河市吉祥印务有限公司印刷
*
710 毫米×1000 毫米 16 开 12.5 印张 200 千字
2015 年 10 月第 1 版 2023 年 6 月第 2 次印刷
定价：25.00 元
* * *
（如有印装质量问题可更换）

《中国传统民俗文化》编委

主　编	傅璇琮	著名学者，原国务院古籍整理出版规划小组秘书长，清华大学古典文献研究中心主任教授，原中华书局总编辑
顾　问	蔡尚思	著名历史学家，中国思想史研究专家
	卢燕新	南开大学文学院副教授
	王永波	四川省社会科学院文学研究所副研究员
	叶　舟	中国思维科学研究院院长，清华大学、北京大学特聘教授
	于春芳	北京第二外国语学院教授
	杨玲玲	西班牙文化大学文化与教育学博士
编　委	陈鑫海	首都师范大学中文系博士
	李　敏	北京语言大学古汉语古代文学博士
	赵　芳	出版社高级编辑，曾编辑出版过多部文化类图书
	韩　霞	山东教育基金会理事，作家
	陈　娇	山东大学哲学系讲师
	吴军辉	河北大学历史系讲师
	石雨祺	出版社高级编辑，曾编辑出版过多部历史类图书
	王　欣	全国特级教师
策划及副主编	王　俊	

序言

中国是举世闻名的文明古国,在漫长的历史发展过程中,勤劳智慧的中国人,创造了丰富多彩、绚丽多姿的文化,可以说人创造了文化,文化创造了人。这些经过锤炼和沉淀的古代传统文化,凝聚着华夏各族人民的性格、精神和智慧,是中华民族相互认同的标志和纽带,在人类文化的百花园中摇曳生姿,展现着自己独特的风采,对人类文化的多样性发展作出了巨大贡献。中国传统民俗文化内容广博,风格独特,深深地吸引着世界人民的眼光。

正因如此,我们必须深入学习贯彻党的十八届三中全会精神,按照中央的要求,加强文化建设。2006年5月,时任浙江省委书记习近平同志就已提出:"文化通过传承为社会进步发挥基础作用,文化会促进或制约经济乃至整个社会的发展。"又说,"文化的力量最终可以转化为物质的力量,文化的软实力最终可以转化为经济的硬实力"。(《浙江文化研究工程成果文库总序》)2014年他去山东考察时,再次强调:中华民族伟大复兴,需要以中华文化发展繁荣为条件。

学习习近平同志的重要讲话,确可体会到,在政治、经济、军事、社会和自然要素之中,文化是协调各个要素协同发展、相关耦合的关键。正因如此,我们应该对华夏民族文化进行广阔、全面的检视。我们应该唤醒我们民族的集体记忆,复兴我们民族的伟大精神,发展和繁荣中华民族的优秀文化,为我们民族在强国之路上阔步前行创设先决条件。

实现民族文化的复兴,必须传承中华文化的优秀传统。现代的中国人,特别是年轻人,对传统文化十分感兴趣,蕴含感情。但当下也有人对具体典籍、历史事实不甚了解。比如,中国是书法大国,谈起书法,有些人或许只知道些书法大家如王羲之、柳公权等的名字,知道《兰亭集序》是千古书法珍品,仅此而已。再如,我们都知道中国是闻名于世的瓷器大国,中国的瓷器令西方人叹为观止,中国也因此获得了"瓷器之国"(英语 china 的另一义即为瓷器)的美誉。然而关于瓷器的由来、形制的演变、纹饰的演化、烧制等瓷器文化的内涵,就知之甚少了。中国还是武术大国,然而国人的武术知识,或许更多来源于一部部精彩的武侠影视作品,对于真正的武术文化,我们就难以窥其堂奥了。我国还是崇尚玉文化的国度,我们的祖先发现了这种"温润而有光泽的美石",并赋予了这种冰冷的自然物以鲜活的生命力和文化性格,如"君子当温润如玉",女子应"冰清玉洁""守身如玉";"玉有五德",即"仁""义""智""勇""洁"等。今天,熟悉这些玉文化内涵的国人,也为数不多了。

也许正有鉴于此,有忧于此,近年来,已有不少有志之士,开始了复兴中国传统文化的努力之路,读经热开始风靡海峡两岸,不少孩童乃至成人,开始重拾经典,在故纸旧书中品味古人的智慧,发现古文化历久弥新的魅力。电视讲坛里一拨又一拨对古文化的讲述,也吸引着数以万计的人,重新审视古文化的价值。现在放在读者面前的这套"中国传统民俗文化"丛书,也是这一努力的又一体现。我们现在确实应注重研究成果的学术价值和应用价值,充分发挥其认识世界、传承文化、创新理论、咨政育人的重要作用。

中国的传统文化内容博大,体系庞杂,该如何下手,如何呈现?这套丛书处理得可谓系统性强,别具心思。编者分别按物质文化、制度文化、精神文化等方面来分门别类地进行组织编写,例如在物质文化层面,就有中国古代酒具、中国古代农具、中国古代青铜器、中国古代钱币、中国古代石刻、中国古代木雕、中国古代建筑、中国古代砖瓦、中国古代玉器、中国古代陶器、中国古代漆器、中国古代桥梁等；在精神文化层面，就有中国古代书法、中国古代绘画、中国古代音乐、中国古代艺术、中国古代篆刻、中国古代家训、中国古代戏曲、中国古代版画等；在制度文化层面，就有中国古代科举、中国古代官制、中国古代教育、中国古代军队、中国古代法律等。

此外，在历史的发展长河中，中国各行各业还涌现出一大批杰出人物，至今闪耀着夺目的光辉，以启迪后人，示范来者。对此，这套丛书也给予了应有的重视，中国古代名将、中国古代名相、中国古代名帝、中国古代文人、中国古代高僧等，就是这方面的体现。

生活在21世纪的我们，或许对古人的生活颇感兴趣，他们的吃穿住用如何？如何过节？如何安排婚丧嫁娶？如何交通出行？孩子如何玩耍等。这些饶有兴趣的内容，这套"中国传统民俗文化丛书"都有所涉猎，如中国古代婚姻、中国古代丧葬、中国古代节日、中国古代风俗、中国古代礼仪、中国古代饮食、中国古代交通、中国古代家具、中国古代玩具、中国古代鞋帽等，这些书籍介绍的都是人们颇感兴趣，平时却无从知晓的内容。

在经济生活层面，这套丛书安排了中国古代农业、中国古代纺织、中国古代经济、中国古代贸易、中国古代水利、中国古代车马、中国古代赋税等内容，足以勾勒出古代人经济生活的主要内容，让今人得以窥见自己祖先的经济生活情状。

在物质遗存方面，这套丛书则选择了中国古镇、中国古楼、中国古寺、中国古陵墓、中国古塔、中国古战场、中国古村落、中国古街、中国古代宫殿、中国古代城墙、中国古关等内容。相信读罢这些书，喜欢中国古代物质遗存的读者，已经能掌握这一领域的大多数知识了。

除了上述内容外，其实还有很多难以归类却饶有兴趣的内容，如中国古代乞丐这样的社会史内容，也许有助于我们深入了解这些古代社会底层民众的真实生活情状，走出武侠小说家加诸在他们身上的虚幻的丐帮色彩，还原他们的本来面目，加深我们对历史真实性的了解。继承和发扬中华民族几千年创造的优秀文化和民族精神是我们责无旁贷的历史责任。

不难看出，单就内容所涵盖的范围广度来说，有物质遗产，有非物质遗产，还有国粹。这套丛书无疑当得起"中国传统文化的百科全书"的美誉了。这套丛书还邀约了大批相关的专家、教授参与并指导了稿件的编写工作。应当指出的是，这套丛书在写作过程中，既钩稽、爬梳大量古代文化文献典籍，又参照近人与今人的研究成果，将宏观把握与微观考察相结合。在论述、阐释中，既注意重点突出，又着重于论证层次清晰，从多角度、多层面对文化现象与发展加以考察。这套丛书的出版，有助于我们走进古人的世界，了解他们的美好生活，去回望我们来时的路。学史使人明智，历史的回眸，有助于我们汲取古人的智慧，借历史的明灯，照亮未来的路，为我们中华民族的伟大崛起添砖加瓦。

是为序。

傅璇琮

2014 年 2 月 8 日

前　言

　　我国出现阶级分化并产生国家机关，是在4000年前的夏代。从那时起，设官治国、设官治众，长期延续，各级官员就成为国家机器的主要体现者。"官"的本义是权力所在的地方，亦即官府、官员所居，亦即后来的"馆衙"之馆，如《论语·子张》："不见宗庙之美"，就是此意，并由此引申为管理之意，即今之"管"。官，在古代一直有官员、官府的双重含义，官、馆、管三字音义俱通。我们要了解古代的文武百官，就有必要先了解一点"官"的本义。

　　所谓"官"，又称"吏"。秦以前，"吏"是大小官员的统称，公卿称吏，官府低级办事人员也称吏，秦汉以后，官、吏的界限逐渐区分："官"，主要指各部门长官或有品级的官员；"吏"，则主要指低级办事人员及各种差役。但出于习惯，"官吏"仍为以后历朝对大小官员的统称。官吏在历史上有着十分重要的地位和作用。中国古代的政治家、思想家所阐述的"徒法不足以自行"、"明主治吏不治民"、"人存政举，人亡政息"、"得人者昌，失人者亡"等，也都表达了官吏在立政、执法、治民中的重要性。

　　所谓官制，就是官吏制度，也是历代王朝以官吏主体为对象的管理制度。在我国古代的正史中，与官制关系比较密切的有两个系统：一个是《百官志》（或职官志），一个是《选举志》。《百官志》(或职官志)的内容大致包括机构设置和官职的名称、员额、品级、职掌等,所谓设官制度、组织法则指的就是这些,即狭义的官制。把选官、任用、调动、考核、奖惩、退休等纳入官制系统是后来的事情,始于《旧五代史》创立的《选举志》。应该说《百官志》、《选举志》所记载的内容,都是关于官的制度。

我国古代官吏制度十分复杂,有关古代官吏制度的文献十分枯燥,过去曾有过"不学懂不得,学了记不得"的评语。可是,对古代官制的了解又是学习古代文化的人所必须具备的基本常识。

我国丰富灿烂的古代文化是我们的祖先所创造的。4000年的历史舞台上的活动者是各种各样的人。由于种种历史原因所造成的必然结果,我们今天所能知晓的古代各方面的历史人物,无论是岳飞、文天祥、张煌言、林则徐等民族英雄,或是屈原、陶潜、李白、陆游等著名诗人,或是商鞅、王安石、张居正、谭嗣同等政治家,或是祖冲之、沈括、宋应星、徐光启等科学家,他们都曾是统治阶级中人,也都有过一官半职。就是黄巢、李自成等农民领袖,在他们的军队中,也都有一套自己的官制。而布衣毕昇、穷书生曹雪芹这样从未做官的重要历史人物,我们在古代文献中是很少见到的。所以,要想了解古人的身世,就必须要了解古代的官制,这个道理是无须多解释的。当然,如果要进一步研究古代社会、古代文化,那就更需要熟悉古代的职官制度,这就更是不言自明的了。这也是我们编写此书的目的。

由于时间的仓促和编者水平的有限,本书中难免有一些疏漏之处,对于历史的见解也难免有个人之见,欢迎广大读者在发现不足之处时,能够批评指正,共同商榷。

目录

第一章 中国古代官制的起源

第一节 中国古代官制概述 ………………………… 2
官与官制的联系 ………………………………… 2
官制的内容与系统 ……………………………… 3
中国古代官制的演变线索 ……………………… 6
中国古代官制的特点 …………………………… 8
记载官制的典籍 ………………………………… 11

第二节 中国古代官制的滥觞 …………………… 13
禅让制与官制、用人制度的联系 …………… 13
原始社会的官制萌芽 ………………………… 16
夏商官制的端倪 ……………………………… 19
西周官制的变化 ……………………………… 21
西周的宗法制与分封制 ……………………… 23

第二章 中国古代的中央官制

第一节 中枢机构官制的发展 …………………… 28
宰相制度的确立 ……………………………… 28

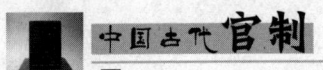

　　尚书的出现 …………………………………………… 30
　　被誉为凤凰池的中书 ………………………………… 32
　　三省分权 ……………………………………………… 35
　　废宰相　建内阁 ……………………………………… 38
　　军机处的设立 ………………………………………… 41

第二节　中央政务机构官制的发展 ……………………… 46
　　三公九卿制的形成 …………………………………… 46
　　隋唐时期的六部 ……………………………………… 49
　　两宋创立的二府 ……………………………………… 51
　　明清中央政务重归六部 ……………………………… 54
　　寺、监、台、院的演变 ……………………………… 56

第三章　中国古代的地方官制

第一节　地方行政制度的沿革 …………………………… 60
　　地方行政区名称的由来 ……………………………… 60
　　郡县制的确立 ………………………………………… 63
　　三级制的产生与道、路的设置 ……………………… 65
　　行省制度的问世与发展 ……………………………… 67

第二节　地方官制的演变 ………………………………… 70
　　郡守与刺史 …………………………………………… 70
　　唐代的节度使 ………………………………………… 72
　　两宋文臣知州 ………………………………………… 74
　　行省制度下的官制 …………………………………… 77
　　中国古代的乡里制度 ………………………………… 79

第四章 中国古代的其他官制

第一节 监察与军事官制 ………………………………… 84
中央监察官的变迁 ……………………………………… 84
明代的特务：厂卫 ……………………………………… 87
中国古代的"尉" ……………………………………… 89
中国古代将军的称号 …………………………………… 91
清代的八旗与绿营 ……………………………………… 95

第二节 中国古代少数民族的官制 ……………………… 99
中国古代的边疆管理 …………………………………… 99
两汉的民族与边疆官制 ………………………………… 102
唐代的都护府 …………………………………………… 105
辽代的北面官与南面官 ………………………………… 108
明清的少数民族官制 …………………………………… 110

第三节 中国古代的其他官制 …………………………… 113
太子的属官 ……………………………………………… 113
宦官制度的形成与发展 ………………………………… 115
历史上的宦官专权 ……………………………………… 119
唐代的谏官制度 ………………………………………… 121
翰林学士 ………………………………………………… 124

第五章 官吏的选举和任用

第一节 中国古代官吏的选举 …………………………… 130
世卿世禄的衰落 ………………………………………… 130

　　秦的选官制度 ································· 132
　　两汉的察举制度 ································ 134
　　九品中正制的确立 ······························ 137
　　科举制度的产生与发展 ·························· 139

第二节　中国古代官吏的任用 ······················ 144
　　官吏的任用原则 ································ 144
　　唐代官吏的见习 ································ 145
　　官吏的官品与爵位 ······························ 147
　　官吏的考课 ···································· 152
　　官吏的调动与奖惩 ······························ 154

第六章　中国古代的官吏与官场

第一节　中国古代官吏的生活 ······················ 160
　　官吏的俸禄 ···································· 160
　　唐代的"机关食堂" ····························· 163
　　官吏的休假 ···································· 165
　　官吏的退休 ···································· 166
　　官吏的谥号与别号 ······························ 169

第二节　中国古代的官场百态 ······················ 172
　　古代回避制度 ·································· 172
　　习以为常的卖官鬻爵 ···························· 175
　　官场陋习："公宴" ····························· 178
　　中国古代的朋党 ································ 180

参考书目 ·· 184

中国古代官制的起源

中国古代民族的形成、阶级的产生、政权的出现、国家的形成、国家机器的不断完善,这些都对中国古代官制的产生与发展有着深远的影响,如果不溯官制之源,便很难厘清官制之流。

第一节
中国古代官制概述

官与官制的联系

要谈古代官制,首先要从"官"字说起。

官,作为一个整体,历来有多种称呼和解释。"官"字,早在商朝的甲骨文中就已经出现。西周时又称"寮",亦作"僚"。"寮"字本义是小窗或小屋,指在同一部门做官的人为"同寮"。《诗经·大雅·板》中"我虽异事,及尔同寮"一句,"寮"被解释为"官"。"僚"字本义是指服苦役的奴仆,在《国语》中最先出现"官僚"一词,其"僚"字是指官的属下,即家臣、奴仆。战国以后,各国国君的家臣、奴仆往往成为其国的官吏,"官僚"一词逐渐演变为官吏的通称。官,又称"吏"。吏在秦以前是大小官员的统称,公卿称吏,官府低级办事人员也称吏。秦汉以后,官、吏的界限逐渐区分。官,主要指各部门长官或有品级的官员。吏,则主要指低级办事人员及各种差役。自战国开始,官吏连用为一词,成为历朝普遍对大小官员的统称。对于"官"的解释,《说文解字》释为"官,史事君也",即替为君者效命,为君主服务。换句话说,不论公卿,还是臣仆,只要为君主做事,即是官。还有一个"臣"字,臣、民两字都是相对于

古代官帽

第一章 中国古代官制的起源

君而言的。君、臣、民三者间，臣是替君治民的，这便是"官，史事君也"的解释具体了。臣，既是官对君的自称之词，又是人们对官的一种泛称，凡称"臣"者都可视为"官"。

随着君权的逐渐强化，官治民的范围越来越广，国家机构日益扩大，官僚队伍不断膨胀。在设官分职越来越细密的同时，君主对于官吏的管理也越来越严密，于是形成了越来越复杂的官制体系。

所谓官制，就是关于官的制度，包括设官制度、选任制度两个基本方面。设官制度，指机构设置，长官、佐官和属官的名称、员额、品级、职掌等。选任制度，指官吏选拔、任用、考核、监督等。同时，还有与之相关的种种待遇、特权以及奖罚等诸多具体的规定。就设官制度而言，自秦汉至明清，中央机构设置就有府、寺、台、省、监、院以及司、署等不同的名称和变化，地方机构也有郡、县、州、道、府、路、省等的先后建置和变化。设官名称，更是多不胜数。以编纂的现今收词最多的《中国历代官制大辞典》为例，共收词目2.16万余条。根据我们的估计，各种职官名称总共不下几万种。最使人感到迷惑不清的是，虽然各朝各代设官大都有员额、品级、职掌等具体规定，但在实际执行中往往出现各种情况，如同名异职或同职异名、品级不高而职权很大或官品虽高却又无实权，以及名实不符、本官不掌本职，而他官兼领，等等。以选任制度来说，也是错综复杂：选官途径多种多样，交互而行；任用方式各有不同，名目互异；监察监督，纵横交错；考核检查，具体细密。至于各种待遇、特权和奖罚的规定，更是烦琐纷杂。

官制的内容与系统

所谓官制，就是指与"官"有关的各种制度，它主要包括以下一些基本内容。

第一，国家机构的设置。我国古代政府机构的名称繁多，主要有府、寺、台、省、部、司等，具体机构则有丞相府、御史府、太常寺、大理寺、尚书省、吏部等。这些机构之间，有的是主从关系，有的是并列关系。比如，唐代的尚书省，下属有吏、户、礼、兵、刑、工六个部，每个部又各辖四个司。省、部、司之间是上下级的关系、主与从的关系；而部与部、司与司之间，则是并列的关系。上述各种机构的设置，有先有后，存在的时间也有长有短。

大理寺

有的机构名称虽然没有变化，但在其性质、职权范围以及内部编制上，却大不相同。比如，唐代的中书省与元代的中书省，差别就很大；汉代的少府与唐代的少府，也不可相提并论。也有一些机构的名称虽然不同，但职权范围基本上是一致的，如汉代的尚书台与唐代的中书省，唐代的御史台与明清两朝的都察院，就是属于这种情况。

　　第二，职官的配备。汉朝以前，各部门长官的名称往往同时是机构的名称。如太常、光禄勋、卫尉等，既是该部门长官的名称，又是机构的名称。在一个机构当中，除了长官之外，还有佐官、属官，以及其他办事人员。由于地区、民族和朝代的不同，官职的名称变化很大。即使在同一个朝代，有些机构的名称与职官的称号，前后也有许多不同。职官的情况又很复杂，有正式的，也有非正式的，有的循名责实有职有权，也有的则徒具虚名却不管实际事务，等等。

　　第三，官的品级、待遇等。我国古代的官职，主要是对民而言。官与民，在地位、礼仪、服饰等各方面，都有明显的不同。在官的内部，有严格的等级制度，爵位、品级、俸禄、冠服、车马等各个方面，都有明确的规定。我

第一章 中国古代官制的起源

们要了解某一种官职，除了要弄清楚它的职权范围外，还必须知道这一官职的品级与实际地位等。

第四，官的选用、任命、考核、奖励与退休等制度。在我国古代官制中，选拔什么样的人做官？由谁来任命？采取什么样的方式升迁、贬降、免黜？对官员的成绩如何考核、评定？对官员按照什么样的标准和如何进行奖励或惩罚？对官吏的违法失职行为如何进行监督检察？官员年老体衰以后，如何退休养老？所有这些，都形成一套比较严格的制度。

我国古代官制的产生和发展，历4000年，经历了许多朝代的增减、改制、更替，内容丰富，情况复杂。我们在学习研究当中，先要对它的系统有个大概的了解。从我国古代官制的机构来说，大致可以分为行政、军事、监察与宫廷事务四个子系统。这四个子系统，不是截然分开的，而是互相联系、互相渗透的。这些子系统是到秦汉时期才逐渐形成的。

行政系统，主要包括经济、文化、外事和司法几个部门。经济部门以农业和财政为主干，西周的司徒，汉代的大司农，唐代以后的户部，是其主要的官职和机构。文化部门以礼仪为主干，西周的宗伯，汉代的太常，隋唐以后的礼部，是其主要的官职和机构。外事部门以与少数民族的交往为主干，西周的大行人，汉代的大鸿胪，唐代以后礼部所属的主客司，清代的理藩院，是其主要的官职和机构。司法部门以刑事审判为主干，西周时的司寇，秦汉时的廷尉，唐代以后的刑部和大理寺，是其主要的官职和机构。我国古代行政管理系统，一般划分为三级到四级。中央之下，汉代主要是郡、县两级，唐代主要是道、州、县三级，明清两代主要是省、府、县三级。各级地方行政长官，一般又都是同级的司法官。

军事系统，主要负责军队的管理和指挥。常设军事机构和长官，大都担负军队管理之责，军事指挥官多由君主临时任命。汉代的太尉府，唐代的十二卫，宋代的枢密院，明代的五军都督府等，都是管理全国军队的机关。军队一般分为中央军和地方军两部分。中央军负责保卫皇帝、皇宫和整个京师，地方军负责全国各地，特别是边疆、要塞的镇守。如汉代，光禄勋、卫尉和执金吾管辖的是中央军，各郡都尉掌管的是地方军。魏晋南北朝时期，中领军、中护军掌管的是中央军，都督诸州诸军事掌管的是地方军。唐朝的十六卫将军掌管的是中央军，节度使掌管的是地方军，等等。

监察系统，主要负责对全国各级官吏进行监督，纠举其违法、失职等行为。这个系统又可以分为两个较小的子系统：一个是对皇帝进行规谏的谏官系统，另一个是对皇帝、皇后和太子以外的所有官吏进行监督检察的监官系统。随着君权的不断强化，前一系统有逐渐削弱的趋势，属于这一系统的官职有谏议大夫、散骑常侍、给事中、拾遗、补阙等。在大多数情况下，这些职官没有独立的官署。后一系统却有逐渐增强的趋势，监官独立于行政、军事系统之外，主要的中央监察机构是御史台和都察院。

宫廷事务系统，主要是为皇帝及其家族、宗族生活服务的部门，在我国古代官制中所占比重相当大，对前三个系统也有很大的影响。属于这一系统的官职和机构有：宰、少府、殿中省、内侍省、宣徽院、内务府、詹事府、宗人府、王府等。这一系统与皇帝的关系最为密切，皇帝往往利用这个系统的官吏去干预、控制国家的行政、军事、监察等重要事务。这是我国古代官制很重要的一个特点。

中国古代官制的演变线索

夏商周三代，是以宗法关系为基础的王权时代，大体上可以算是一个阶段。朝廷设官，主要分为宗教官和政务官两大系统：宗教官通过占卜等形式为"王"提供决策依据，政务官则是"王"的家臣，为"王"处理日常事务。随着实际政务的增多，政务官势力增强，宗教官地位下降，在西周形成"卿士寮"主政务、军事，"太史寮"主宗庙、文教的格局。由于实行分封制，地方上形成诸侯封国、卿大夫封邑的等级。这时，王与诸侯、卿大夫都是世袭。

秦始皇开创了皇帝专制集权的新体制

经过春秋战国的社会大变动，秦始皇统一六国，开创了皇帝专制集权的新体制并延续了2000余年。各朝皇帝世袭，大小官吏均不再世袭，而由皇帝或朝廷任免。在以后2000年间，设官制度有多次重大变革，反映着整个国家体制的变化，可以分为四个阶段。

1. 秦汉时期，朝廷设官确立

第一章 中国古代官制的起源

起政务、军事、监察三大系统。丞相辅佐皇帝、掌理政务，太尉掌武事，御史大夫（或御史中丞）掌监察，被称为"三公"，同时，健全了"九卿"分掌具体事务的机制。

丞相辅政，事权日大，往往对皇权构成某种威胁。皇帝不断用亲近的人掌握政务中枢，以取代或分割丞相事权，这成为历朝宰相名称和职权不断变化的基本原因。汉武帝以中朝官（由皇帝左右侍从人员构成）主决策，以丞相为首的行政机构掌外朝，原属九卿之一——少府所辖的尚书台逐渐演变为中枢决策和发号施令的机构，"三公"只能听命执行而已。地方设官，实行郡县制。郡设守、尉、监，对应于朝廷三大系统；县则设令、长、丞、尉。

2. 魏晋至隋唐，朝廷设官逐渐确立"三省制"。中书省出诏令，门下省掌封驳（审核批准），尚书省主施行，三省长官同为宰相，共掌国政。尚书省所辖六部二十四司，经魏晋南北朝的演变，最终在唐朝完备并定型。尚书省六部与具体事务部门"九寺"、"五监"的对应关系，也得以明确；殿中省、内侍省等宫廷事务机构与政务机构分置，表明此期间设官制度的一种进步。反映这一时代特点的是，监察机构独立，御史台分置三院，考察京官、地方官趋于细密，监察机构受监察。地方设官，逐渐由郡、县两级向道、州（郡）、县三级发展。

3. 自中唐开始，朝廷设官和地方设官都出现了新的变化，到元朝大体为一个阶段。首先是翰林学士和枢密使介入中枢决策系统，相权（中书门下）被进一步分割。翰林学士在宋朝始终参与重大决策，掌握出令权。枢密使由宦官转为士人担任之后，逐渐成为最高军事机构的长官，随之，先前的三省分权逐渐归一，形成中书省统六部的体制。其余的九寺、五监等事务部门，或合、或废、或改置。台谏趋一，以谏官监察百官，增加派出机构监察地方，是这一阶段监察制度变革的总趋势。到了元朝又重新形成"……内外之官其总政务者曰中书省，秉兵柄者曰枢密院，司黜陟者曰御史台"新的三大系统并立的格局。地方设官，在经历了由两级向三级的转变之后，出现行省制，成为后来分省制的开端。

4. 明清时期，皇帝专制主义走向极端，朝廷设官最大的几项变革：一是废除秦汉以来形成的丞相辅政制度，废除魏晋以来形成的尚书、中书、门下三省机构。皇帝的秘书班子即翰林院学士入值午门，参与政务，发展成为内

阁，六部直属皇帝。清朝又于内阁之外，另置军机处，为皇帝处理政务的办事机构。二是罢枢密院。明朝以五军都督府掌军旅之事。三是御史台作为独立的监察机构历经千余年之后，被都察院所取代。在以十三道监察御史分察京官和州县官之外，又设六科给事中分察六部。地方设官，撤销行省，改为承宣布政使司（习惯上仍称省），以布政使掌管一省民政、财政。监察地方的总督巡抚，最终演变为地方最高军政长官。

中国古代官制的特点

任何学科都具有自己的特殊性，中国古代官制史当然也有它的特殊性。由于我国历代文献典籍记载比较齐全，近年田野考古的成果丰硕，加之有重视官制研究的学术传统，因此，在长期的历史发展过程中，体制沿革大体清晰，研究资料十分丰富，特点较为鲜明。

君主专制，帝王高踞全国官制的顶端，全权决定官制设置的模式，操纵其运行，是中国古代官制史的特点之一。

"官为君设"，自夏代以来，一切官府的设置或官员的任命黜陟，都是根据当时君主的意志。所有的官员，无非都是君主的臣仆。"臣"字，在甲骨文中作"𦣞"，原意是已经瞎了双目的家庭奴隶；"宰"字，则为被迫在室内辛勤操作的另一种家内奴隶。奴隶主可以随意役使和决定他们的生死。臣仆必须绝对服从君主，竭力效忠，是一种人身依附关系。各级官府，无非是作为以君主为首脑统治机器的大小零部件。

政权高举神权的旗帜，借神权以支配和维护政权，是中国官制史的特点之二。

中国古代社会没有经历过神权政治或神权国家阶段，宗教神学在中国古代也并不发达，人们较少以言论来论证神灵的权威，而是不厌其烦地申述神权是君主权力的来源，用以说明君主权力至高无上和决定政权的合理性。历代王朝都明文规定各种祀典和正式尊奉的神祇，设有主管部门，比如说太常（奉常）为诸卿之首，礼部（春官、宗伯、祀部）一直被指定为国家的重要部门，从中央到地方基层组织又必须普遍设置主管祭祀的职官，上至帝后，下及各级地方行政长官，都必须亲自主持各种祭祀典礼，正是为了体现神人合一的国家政治。

第一章 中国古代官制的起源

受儒家学术思想悠久的影响，是中国古代官制的特点之三。

在中国古代，长期占据统治地位的政治思想是儒家思想，因为儒家学说的精髓是主张尊卑有别，坚持贵贱不可逾越，竭力宣扬维护三纲五常，对维护现实的统治最为有效。

《周礼》是我国传世的第一部系统记载古代政治制度的文献，详细记录了周代的官制。经清代以来的学者考据，基本上确定《周礼》成书于公元前5～前3世纪。虽然该书所记载的西周官制也不是没有根据，但儒家推崇周政，在修撰此书时，竭力灌注自己的理想化观点，将之绘制成职掌明确、分工细致、编制严格而系统周详的官制蓝图。长期以来，《周礼》被一些人认为是"臻于至善"的典章，长期影响中国古代的官制。秦汉的官制已经部分依据《周礼》，而新莽的官制索性直接照搬；魏晋南北朝也多有仿制，有的王朝更是直接抄用。唐玄宗李隆基下谕撰修的《大唐六典》，是以《周礼》中的天、地、春、夏、秋、冬六官作为吏、户、礼、兵、刑、工六部的原型，隋唐以后，人们长期以天、地、春、夏、秋、冬作为六部的别称，也无不是本之《周礼》。尤其值得注意的是，中国历史上历次试图对政治制度进行重大改革，无不借用《周礼》，或对之加以新的解释。例如：王安石主持的变法新政，就经常援引《周礼》，并着力撰著《周官新义》一书，作为立论的依据。明代建文帝朱允炆企图部分改变祖父朱元璋手定的一些制度，在其叔燕王朱棣大军压境，皇位岌岌可危之际，还和一些亲信讨论如何参考《周礼》来改制。而影响更深的是一些政权的国号都采用"周"，北朝的周、武则天的周、五代的周，就连清初吴三桂在云南造反时都使用"周"为国号。《周礼》集中和系统地反映儒家的政治观点和学说。它的长期受到重视和采用，正说明儒家学术思想对中国古代官制的发展变化曾经起到十分重要的作用。

与历史同步发展，是中国古代官制史的特点之四。

不同时期的官制，是根据不同时期的国体，即各阶级在国家中所处的地位，社会经济的发展状况，以一定形式组建而成的。随着社会的不断发展，组织形式也必然会不断发生变化。从根本来说，官制的结构、调整和废弃，能否持久存在和发挥作用，都是依据社会生活和政治形势的客观实际，并不是任何人可以主观决定的。

中国古代官制奠基于中国历史土壤之上，它的架构模式，与中国历史进

程是同步发展的。因此，不能孤立地就官制而论官制，必须把官制放在当时社会经济和政治的总体环境中，进行动态的分析。

中国几千年的官制是处在不断调整和完善过程中的，因此，绝不是一套僵死停滞的板块，而是同中有异，异中有同。我们研究中国古代官制史，就应该把重点放在那些歧异变化之处，以及为何会出现这些歧异变化的社会和政治原因，检验历次歧异变化的实践效果。

贵族特权和官僚政治根深蒂固，一直延续到近代社会，是中国古代官制史的特点之五。

历代统治者都有意识地赋予自己的官吏一定的特殊权力，造成官民之间的对立。我们虽然在史书上读过《循吏传》、《清官谱》，也看到过对个别官吏的正面记载，例如从史书所载萧何、诸葛亮、魏徵、房玄龄、范仲淹、包拯、杨士奇、于谦、海瑞、范文程、于成龙等人的事迹来看，他们清廉正派、关心民生疾苦，在有些问题上敢于直言进谏，刚正不阿，是值得我们加以赞扬和肯定，但他们终究是少数，也不可能超越自己的阶级局限。而绝大多数的官吏，无论在体制、身份，还是公务活动的社会效果上，都充分体现着统治阶级对广大人民的压迫，体现着他们拥有的特殊权势和高踞在上的特殊地位。

诸葛亮雕塑

所谓的官僚政治，是指一种与专制统治相结合的政治形态，是指当时普遍以出任官吏作为固定职业，只对君主和上级负责而不问社会效益和民生疾苦；只知墨守成规、按例办事而不管实际情况的变化；遇事模棱两可，行动迟缓，推诿责任，甚至贪污受贿，营私舞弊，苟且偷安。为了一己之私和升迁，有时不惜草菅人命，残民以逞。清代的民谚说："堂上一点朱，民间一路血"，正是对当时官民关系的真实写照,也是对那些昏聩贪虐、麻木不仁的官吏们的控诉。

我们之所以提出研究中国古代官制史必须认真看待各时期的官僚政治,必须摸清官僚政治的惯常形态和发展规律,必须对之做出恰如其分的揭露和评价,才能鞭辟入里,掀除笼罩在官制史上的各种烟瘴迷雾,原因就在于此。

记载官制的典籍

自国家形成以后,历代君主无不注重自己政治活动和政治行为的记录。随着设官分职的逐步发展,为适应设官选官的进一步需要,史官记录设官选官制度的典籍也日益系列化了。

《周礼》是最早的一部记录官制的专书,详细记载了西周的官制。

汉朝以后,编纂纪传史逐渐形成制度。自《史记》创《汉兴以来诸侯王年表》、《高祖功臣侯者年表》、《汉兴以来将相名臣年表》,《汉书》创《百官公卿表》,到《后汉书》创《百官志》,在"二十五史"中形成一个专记职官的系列,或称《职官志》,或《百官志》。"前三史"之后,有"官志"的是:《晋书》、《宋书》、《南齐书》、《魏书》、《隋书》、《旧唐书》、《新唐书》、《旧五代史》、《宋史》、《辽史》、《金史》、《元史》、《明史》以及《清史稿》。其中《宋书·百官志》上溯东汉、魏晋,《隋书·百官志》有两卷专记南朝梁、陈和北朝齐、周的官制。自《旧五代史》创《选举志》之后,《新唐书》、《宋史》、《金史》、《元史》、《明史》以及《清史稿》皆援例编纂《选举志》,详记各朝选官制度。

《二十五史》之外,典志系列的著述中也有极为详细的官制记载。自中唐出现的《通典》创《职官典》开始,逐渐形成《通典》、《通志》、《文献通考》及续"三通"、清"三通"等"十通"系列,其职官部分记述了上古至清末的官制沿革。与此同时,又有各朝"会要"更为全面、系统地记述各朝制度(包括官制)。它们是《七国考》、《秦会要》、《西汉会要》、《东汉会要》、《三国会要》、《晋会要》、《南朝宋齐梁陈会要》、《唐会要》、《五代会要》、《宋会要辑稿》、《明会要》。其详尽的官制记载,可填补《二十五史》的不足。

除上述两大基本系列的记载之外,还有一些专记各朝官制的典籍应当引

起注意。

关于汉朝官制的,有《汉官》、《汉官解诂》、《汉旧仪》、《汉官仪》、《汉官典职仪式选用》、《汉仪》等六书。这些书虽然散佚,但清人有辑本,收在《平津馆丛书》、《四部备要》中。六书中,《汉旧仪》专记西汉官制,其余五书则记载两汉官制,是研究汉朝各级官署、设官、职掌、员额、沿革等问题的必备书。

关于三国魏晋南北朝官制的,有《三国职官表》、《十六国将相大臣年表》(收录在《二十五史补编》第三册)以及王仲荦著《北周六典》等。

《唐六典》不仅是一部记载唐朝官制的专著,还是一部关于唐朝设官的行政法规,包括朝廷和地方机构编制、职掌,设官员额、品级、待遇等,注文追述官制历代沿革。

元、明、清三朝,又有《元典章》、《明会典》、《清会典》,颇多官制方面的内容。

宋代和清代,有两部贯通前后的官制著作,一是宋朝孙逢吉撰《职官分纪》50卷,二是清朝官修《历代职官表》,都是比较重要的参考书。

知识链接

西周管理农业的官府

西周是以农业为主要经济的社会。周天子有籍田千亩,是其财政收入的主要来源。在政府机构中,设置司徒一职,是总管籍田和山林渔猎的。征发农奴到籍田耕作,是司徒最主要的职责。具体管理农奴劳动的,有田畯一官,也称农正或农大夫、田大夫。到了播种、除草、收获等重要农业季节,以周天子为首的朝廷主要官员,都得参与农事,"唯农是务",不得有任何干扰。

第一章 中国古代官制的起源

第二节
中国古代官制的滥觞

禅让制与官制、用人制度的联系

我国原始社会,氏族组织形式已经发展到部落联盟。部落联盟及其议事会,已经是公共权力机构的预演。部落联盟首领仍然是由部落联盟会议选举决定,新老首领的交替仍然是和平性、民主性的"禅让"方式。我们所说的"禅让"时代,主要指的是这一时期。我国上古典籍记载中所述及的"三皇五帝",就是这时代部落联盟首领的代表人物。这时的部落联盟首领,职能已大不同于氏族首领和部落酋长了,他们不但主持祭祀,解决联盟内的纠纷,管理生产、兴修水利工程等事务;而且有权对外宣战媾和,既是最高代言人,又是本联盟的最高军事统帅。老首领可以自己物色、提名推选新联盟首领,这种职位就是后来最高行政长官和国王、皇帝、总统等职位的萌芽。

我国原始社会的"禅让"制度,一直保持着民主性、和平性的特点。此外,从尧、舜、禹连续禅让的事实中,还体现出以下特点:

1. 充分体现了选贤与能的原则

所谓"大道之行也,天下为公,选贤与能"(《礼记》),"故人不独亲其亲,不独子其子",就是指这种情况。因为尧舜禹以及皋陶、伯益都是当时第一流的人才,所以"尧以不得舜为己忧,舜以不得禹、皋陶为己忧"(《孟子·滕文公上》)。选贤与能的关键是出于"公"心,有了公心才能以天下之忧为忧,以此为标准,即便是自己的亲生儿子,不具备领导者的素质,便不能委以重任,也不能有丝毫的偏爱。相反,只要德才兼备,无论何人都可以成为首领。

舜帝雕塑

2. 能上能下,和平交替

古籍中所谓"讲信修睦",就是说尧舜禹在让位交替过程中,是讲信义、和平友好、心甘情愿的。他们之所以能如此,主要有两个因素:一是由于当时虽然"男有分,女有归",已有对偶婚家庭和产品剩余,但私有观念尚不发达,人们多数还没有也不可能产生强烈的权势欲。对尧舜禹来说,当首领或当部民,上下都行。二是与当时做联盟首领终日劳累,比一般部民更加辛苦艰难的情况有密切关系。他们是社会的仆人,吃苦在先是基本的行为方式。韩非在《五蠹(杜)》中讲,尧做联盟首领时,住茅草棚,吃粗粮,喝野菜汤,连看门人的衣食都比不上。后来,舜在考虑自己的继承人时,四岳提出禹,舜表示同意。这些情况表明,首先,当时的部落联盟最高首领选择继承人时,必须征求联盟议事会的意见,而不能自己单独决定。其次,被推举为最高首领继承人的人,并不能马上获得首领的地位,还要经过多年的考验,取得氏族成员的广泛信任和拥护,才能正式担任首领的职务。舜被推荐做尧的继承人以后,尧"乃以二女妻舜以观其内,使九男与处以观其外……于是尧乃试舜五典百官,皆治"后才得到确认。禹做舜的继承人时,由于曾经治理水患,取得巨大成就,所以舜死后便成为正式首领。因此说"舜得举用事二十年,而尧使摄政,摄政八年而尧崩"。"帝舜荐禹于天,为嗣十七年而帝舜崩"。这里的"摄政"、"为嗣"都是指对继承人的考验时期。被推举者由继承人到成为正式的首领,要经过考验,取得人民的信任,并经过选举后,才能得到确认。

不过,尧、舜、禹时期已处于原始氏族社会向阶级社会过渡中,早先的选举制必然也会随之出现一些变化。比较突出的一点是,在父系氏族制度下,部落首领的儿子开始具有做首领继承人的优先权。在部落首领继承问题上,已经出现了争夺权力的斗争,传统的选举制度受到世袭制度的猛烈冲击。最

第一章 中国古代官制的起源

后,禹的晚年先推举皋陶做继承人,不久皋陶死,又推举伯益做继承人,但是禹不把重要的政务委派给伯益去做,使伯益未能在人民中建立威信。与此同时,禹却为儿子启培植势力。因此在禹死后,启便取得了最高首领的职位。伯益不服,"益干启位而启杀之"。在伯益和启之间进行的一场激烈夺权战争中,伯益被杀死,启牢固地占据了最高统治者的王位。

3. 选人标准有了提高

禅让制初期,当选氏族长需要具备三个条件,到了尧舜禹时代已经远不能适应需要,从舜、禹挑选接替人的实践看,标准和要求已大为提高:

(1) 选择的范围扩大了。尧舜禹的后继人选并不局限于本部落,而是在联盟所属众多部民中物色。舜是有虞氏人,与尧不同姓;禹姓姒(寺),与舜不同宗;皋陶姓偃,也与禹不同祖。他们在不带任何框框的情况下被选拔了出来,其实践表明:选人范围越大越充分,人选的质量就越高。

(2) 选人的素质要求提高了。选举氏族长时,只要求他们带头吃苦耐劳就可以。尧舜禹时代的联盟首领候选人,带头吃苦是最基本的条件。另外,还要有一定的智能,包括具备相当的组织能力和较为丰富的经验。因为这时区域扩大,人口增多,要管理部民,组织生产,兴修水利,仅靠带头出力不行,一定要有组织能力和经验指导不可。禹为治理洪水,动员广大部民共同奋斗,发挥大家的力量,苦战13年,终于排除水患。禹的组织才能是令人敬仰的。他在治水过程中,不仅总结了父亲失败的教训,还汲取了各部落人民长期与洪水抗争的成功经验,在伊洛河济一带"高高下下、疏川导滞,钟水丰物",即采取疏浚湖泊,以导为主、排蓄并举的措施,"尽力乎沟洫(续)",最后使江河疏通,水流入大海。禹富有经验,聪明能干,因而得到部民的爱戴和舜的信任。这样,我国在氏族社会末期,发掘人类智能用于人事管理的方式又进了一步,为阶级社会选拔官吏制度的形成奠定了基础。

4. 首领职务终身制明确

遍查《尚书》、《左传》、《史记》、《荀子》、《韩非子》等典籍的有关记载,我们不难发现,尧舜禹物色接替人时,都已年迈体衰。他们死时,后继者才正式担任首领。这说明禅让制初期,由于人们尚不懂得规定氏族长的就职年限,而使氏族首领往往长期连任的情况一直在延续和发展。到了尧舜禹禅让的时代,联盟首领终身任职的制度已十分清楚。这是禅让制的伴生物。这一伴生物的出现,对后来政治社会官吏制度产生了深刻而消极的影响。

15

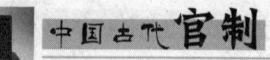

原始社会的官制萌芽

原始社会部落之间的战争频繁，一些部落为了共同的利益，往往结成联盟，进而形成一种组织，就是部落联盟。部落联盟设有联盟首领、联盟军事首领、联盟议事会、联盟民众大会，其作用与部落所设略同，只是民众的表决权逐渐丧失，代之而起的是氏族贵族。

部落联盟时期，部落联盟民众大会和联盟议事会的作用日渐消退。这一方面是由于部落联盟活动的地域扩大，人口大量增加，召开民众大会愈来愈困难；另一方面，在部落联盟日益扩充和强大，先后以"五帝"为代表的联盟首领权威日益增强，以致被后人认为是最早的帝王，他们在许多事务上已经可以独断专行，根本不用听取民众大会的意见，而由少数的氏族贵族组成的联盟议事会，也逐渐为首领所控制，这些"帝"已经被认为是元首，传说黄帝已经区分君臣上下之义，并且"内行刀锯，外用甲兵"。所谓"内行刀锯"，就是对本联盟的各部落首领和民众拥有强制以至镇压之权。

联盟事务的增加，仅靠联盟首领是很难处理联盟事务的，于是产生专门从事管理的部门和人员，出现了与人民大众相分离的公共权力，也就是具有国家雏形的社会组织。传说黄帝曾经设官分职，"官名皆以云命，为云师。置左右大监，监于万国"。"云"应该是黄帝时期的图腾，左右大监当为该部落联盟的重要首领，有"举风后、力牧、常先、大鸿以治民"的传说，这些人物应该是该联盟的各部落首领。传说时代的黄帝曾发动过多次大的战争，部落的联盟在取得战争胜利的过程中，曾经发挥过重大的作用。

尧舜禹时代是部落联盟发展的成熟阶段，以公职为特征的管理机构的雏形，也应该是在此时期出现的。据传说，这时有主管农业的"稷"，主管手工业的"共工"，主管林、牧、渔、猎的"虞"，主管教化的"司徒"，主管刑狱的"士"，主管祭祀的"秩宗"，主管呈上宣下的"纳言"，以及分管十二州的"州牧"，合计22名主官。这些主官应该是各部落的首领或联盟议事会的成员，虽然还不能算是国家机构，但已经出现了等级差别和职责范围，有关"百官时序，宾于四门，四门穆穆，诸侯远方宾客皆敬"的描述，基本上反映出当时实际的情况。

部落联盟首领既然是各部落公推的，在很大程度上要受到联盟议事会的

第一章 中国古代官制的起源

制约。传说中的舜，在重要事务决策上，都要征求联盟议事会的意见。例如初时，"禹、皋陶、契、后稷、伯夷、夔、龙、任、益、彭祖自尧时而皆举用，未有分职"。舜欲进行分工，但必须事先"谋于四岳"，决定后还要征求本人的意见，然后才作出决策。

禹所在的时代，当是中国原始氏族部落联盟发展的顶峰。据《史记·夏本纪》所载："禹之父曰鲧，鲧之父曰帝颛顼，颛顼之父曰昌意，昌意之父曰黄帝。"从这个世系来看，禹的先祖世代为部落首领，该部落有一定的实力，这实力正是禹取得部落联盟首领的重要条件。传说禹在担任联盟首领的前后，曾经治水、征三苗、分所属部落为九州、任土作贡，这些工作使禹的威望提高，权力范围扩大，其结果是为其世袭王权奠定基础，为国家的产生准备必要的物质条件。

按照联盟首领选举的习惯，禹死后应该让位给东夷部落的首领"益"，然

大禹雕塑

而，禹的儿子"启与支党攻益而夺之天下"，将传统的联盟首领选举制改变为世袭君主制，从此中国社会从"天下为公"的"大同"社会，进入"天下为一家"的"小康"社会。古人所讲的"天下为公"的"大同"社会，实际上是指尚未出现财产私有的原始社会，这种社会是建立在生产力水平低下的基础上的，在物质匮乏的情况下，除勉强维持生活外，很难有剩余的物质可供私有。在这种条件下，原始氏族的民主制和首领选举制，只能是奠立在领袖人物尚未能够享有特殊利益前提下的权力平等的基础上，也不可能出现专职的管理人员。古代的政论家和哲学家把这种尚未发生特权和私有的社会形态加以理想美化，实际上是发泄对现实社会的不满。他们忽略原始社会的落后、贫困和必然要进行根本性变革的发展规律，也没有看到社会在进步。出现"天下为家"的"小康"社会是历史发展的必然，私有财产制度与国家的出现，是适应社会发展潮流的必然结果，是历史的巨大进步。

"天下为公"的"大同"社会与"天下为家"的"小康"社会的主要区别在于世袭君主的出现和公职机构的出现，以及对公职人员的有效管理。

相传舜在22名职官人选确定之后说："咨！汝二十有二人，钦哉，唯时亮天功。三载考绩，三考，黜陟幽明。"要求这22人不可违误时间地按照天意办事，对他们三年一考查，三考分高下，然后进行奖赏或惩罚。这种通过考核评定优劣的原则，可以看作是中国最早出现的吏律、吏法。

在地方上，也出现了按照地域划分居民的体制来取代传统按血缘划分的旧制。据《尚书·舜典》所讲，舜时"肇十有二州，封十有二山"。这种划分实际上已经突破原有的按血缘划分居民的氏族部落领地，变成大的区域。虽然这种大区仍然是以血缘氏族为主要依据，大区的"牧"也还是该地的部落首领，但终究是突破了血缘的界限。

相传部落联盟时已经出现刑法，"鞭作官刑，扑作教刑，金作赎刑。眚灾肆赦，怙终贼刑"，谓之"五刑"。用刑罚来镇压"蛮夷猾夏、寇贼奸宄"，乃是当时社会发展的必然结果。

对外战争和公职人员的出现，就需要各种资源和人力，司马迁说"自虞、夏时，贡赋备矣"，也基本适合当时社会的发展状况。考古出土的文物证明，这个时期已有打制得非常精细的玉器及精致的瓷器，大型的夯土工程以及少数的铜器，而这些都是出现国家的重要经济前提。

第一章 中国古代官制的起源

部落联盟时期出现的首领争夺、以公职为特征的管理机构以及对公职人员监督管理,实际上已经出现凌驾社会之上的权力,已经具备了国家机关的雏形。联盟首领从争夺变为世袭,公职人员从不明确的分工变为有明确分工的公职机构,原始社会向国家的过渡基本完成,王朝便产生了。

夏商官制的端倪

夏商两代,资料极为缺乏,我们只能根据古代文献和甲骨文中的零星资料作简单的介绍。夏代国家首脑沿袭氏族首领的称号称"后",古书里多写作"夏后"或"夏后氏"。后来又称王,王是从氏族社会末期的军事首领演变来的,含有独尊和强制服从的意思。商代沿称王,对先王有时仍称后。商王常自称"予一人"。王位从一开始就实行世袭制,经过流血斗争,这种制度得到了巩固。世袭有传子与传弟两种。传子叫"世",传弟叫"及"。《礼记》里说的"大人世及以为礼"就是这种制度的反映。

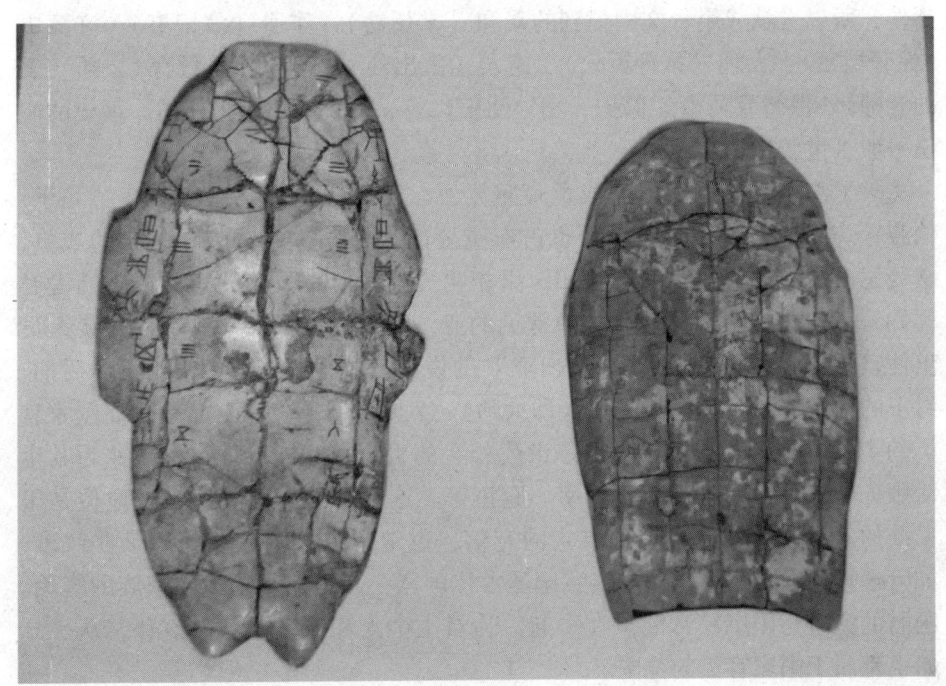

甲骨文

商后期，嫡子继承的制度逐渐确立，预定继承王位的称"小王"。在《史记·夏本纪》中，称夏代的国君为帝，是受了三皇五帝传说的影响，因而是不确切的。

王之下，地位最高、权力最大的官是神权的体现者——巫史。巫在氏族社会就有了，是一种掌管祭神的职务。国家产生以后，作为王权在观念形态上的反映，出现了至高无上的神——上帝。国王是代表上帝的意志在人间进行统治的。上帝的旨意怎样显示呢？那就要巫用卜筮的方法才能得知。巫成了上帝的使者，因而称为史。巫史是当时国家机构中最有权威的官职，甲骨文中一般称为"史"，"大史"或"卿史"，文献中也写作"卿士"。国家的各种政务，几乎都要由他们以占卜来决定。他们是当时最重要的政务官，而且往往同时是两三个人，《尚书·甘誓》篇称为"三正"。夏后启讨伐有扈氏的罪名之一，就是"怠弃三正"。而启又是奉天命进行征讨的，可见三正不是一般的官，而是神意的体现者。巫史的职务主要是占卜、祭祀，但又可领兵作战、掌管历法、保管典册、审理诉讼、奉命出使、教育王子，甚至担任王的师傅，所以文献或甲骨文中提到的羲和（掌历法）、作册（掌记事）、守藏史（保管档案）、大理（掌理诉讼）、遒人（掌出使）、官师（掌教育）、师（王的老师）、保衡或阿衡（保护、辅导幼王）等，都是由巫史担任的。巫史的职位一般是世袭的。

除了巫史，就数王族的成员最重要了。王族成员包括王的妻妾、儿子、伯叔等。同时王的外戚和女婿也占有重要的地位。这些王族和王亲的成员，常受王命去指挥作战、管理籍田、祭祀祖先等，但是具体的官称，王的妻妾称妇，王的儿子称子。甲骨文中常见的亚，是王的卫队长，常带领武装人员出使。根据《尔雅》"两婿相谓曰亚"的说法，亚很可能就是王婿。商后期，纣王的伯父、叔父有担任父师（即太师）、少师的。巫史和王族是夏商国家官员的主要成分。这两部分人都是世代相袭的贵族。此外，王还有一些为其生活服务的家臣，称为臣、尹、宰、庖正等。这些人的身份是奴隶，地位是很卑贱的。但这些人由于得到君主的宠信，也常常被君主派遣处理某些政事，如管理籍田、传命、出使等。我国的古代国家，几乎都是宗族或家族的统治。国君的家事与国事经常混杂在一起。为君主个人和家室服务的奴仆，从一开始也都属于国家官吏的范围。

夏商时期的国家，是建立在血缘联系和军事征服基础上不很稳定的联合

臣服于王的方国（或部落），首领仍由本族人担任，称为侯或伯等，不是由王分封或任命的，有相对的独立性。一些被征服的方国（或部落），顺叛无常。在臣服的时候，则是夏、商国家内的官员。王都以内的官员，称为"内服"；王都以外的方国首领，称为"外服"。

夏商的官吏，依靠各地的贡献和籍田（即祭田）的收入来供养。巫史、主族、方国首领的地位是比较固定的，只有家臣是国君随意挑选的。

西周官制的变化

西周原来是一个小部落，长期生活在陕甘一带，后以岐山之南的周原为主要根据地，逐渐强盛起来，并且不断向东发展，与东面的商王朝发生了冲突。到周武王时期，起兵伐商，牧野一战，消灭了商朝的军队，商纣王自焚而死，商朝灭亡。西周统治者是通过战争和流血而取得政权的，他们亲眼目睹了自命为神灵后裔的商王朝在民众斗争的烈火中轰然倒塌，上天变得软弱无力，挽救不了统治者的命运。因此，他们总结了经验教训，以礼治国，制定了名目繁多的礼仪，企图通过这些礼仪来维系贵族等级，消除内部纷争，做到贵贱有等、长幼有序、贫富轻重皆有称者，使民安于本分，以维持统治者的长治久安。

在这种思想的影响下，西周的官制发生了很大的变化。商朝神通广大的巫史在西周已经无足轻重，掌管历法、记事、策命、档案、记史等职权的官吏，开始从神权中分化出来，抹去了神的光圈，成为世俗化的王朝官职。同时权力的分配主要根据血统远近来进行，担任师保等高级职务的多为王室贵族，他们的权力相当大，经常左右朝政，在君主年幼时可以代王摄政，如西周建国之初，武王死后，其子年幼，就由武王的弟弟周公和昭公代理朝政，直到幼王长成，才把权力交还，史称"周昭共和"。执掌朝政的卿士也多由王室成员担任，他们的权力也很大，有的世卿长期控制朝政，甚至可以废掉旧君，另立新君，这在西周末年最为明显。

西周的政权机构比较完备，官职设置也较健全。中央机关设置太师、太傅、太保，统称三公，由王室权贵出任，对周王有指导、辅佐和监护之责，既是周王的谋臣，又直接参与决策国家大权，统领文武百官，位高权重，责任重大。按工作性质分为两大部门，即卿士寮和太史寮，两者平行，互不统辖，这是具体处理朝政事务的部门。卿士寮是中央的军政司法部门，直接处理有关军政司法事宜。卿士寮的首脑卿士，是最高行政长官，具体处理朝政事务，同时兼理军政，可以统兵作战。卿士以下有司徒、司马、司空、司寇、大行人等官职。司徒管理王朝的公田、山林，以及征发使役等事务。司马征发军队给养，管理车马器械等军需物资。司空主管王室的宫殿营建和维护事务，也兼管全国的手工业。司寇掌管司法刑狱，属官大行人主管对藩属诸侯的接待及礼仪事务。太史寮是掌管历法、祭祀、占卜、文教等事务的部门，长官为太史。太史掌管王国文书的起草，策命诸侯、卿、大夫，记载国家大事，编著史册，兼管国家典籍、天文、历法以及祭祀诸事，其地位较高，是一种兼管人事、神职并观察、记载社会动态及自然现象的官员，经常参与国家的重大政治活动。太史对王公大臣的言行可以直书其事，因而对王权有一定的监督和制约作用。其下有太宗，掌王室祭祀事宜；太卜，职掌占卜凶吉；丧史掌贵族的丧葬礼仪；乐师掌管乐律和国学。

此外，还设有一批为王室服务的官员。如宰是周王室的内务总管，奉王命处理王室内部事务，与王室关系密切，有时也触及朝政。膳夫主管王室成员的饮食。缀衣主管王室服装的制作。太仆管理周王舆马，经常随王出行，有时兼管文书的上传下达。御是为王驾车的车夫，趣马为王养育马匹，师警备王宫，门尹看守宫门。此外，王宫中还有宦官，即阉人，处理后宫杂务。但是这套为王室服务的机构与国家正式官员的职责区分尚不明显，两者可以相互交流，交叉任职，而且他们也可以参与国家大政事务。

西周强盛时，控制的地域南到巴、濮、邓、楚；北到肃慎、燕、亳；东边到达滨海；西边直抵甘、青，其范围比商朝的地域还大。为了加强对广大地域的有效控制，西周实行"众建诸侯、裂土为民"的分封制，分封了许多诸侯国。诸侯的封地称为"国"，诸侯国内也实行分封，诸侯把土地分给卿大夫，称之为"邑"，卿大夫把土地分封给"士"，称为"禄田"。他们的官职都是世代相袭，父死子继。各地诸侯都是西周的宗室贵族和勋臣贵戚，他们掌握着本国的政治经济和军事大权，是一方之至尊。但是全国的土地与臣民，名义上都属周王所有，即所谓"普天之下，莫非王土；率土之滨，莫非王臣"。所以，周王封给诸侯土地与臣民时，要举行授土授民的仪式。诸侯国对周王尽一定的政治义务，必须定期向周王纳贡、朝觐，有保卫王室的义务，遇到战争要率军随同周王出兵作战。他们还要向周王纳贡服役（包括兵役），

第一章 中国古代官制的起源

如果不纳贡服役,就要受到惩处。等而下之,卿大夫要向诸侯承担同样的责任和义务,士也同样如此。除了分封的土地以外,周王、诸侯都拥有直属领地,在领地上同样划分大小不等的行政区域,设官进行治理。城内和近郊依次划分为乡、州、党、族、闾、比等不同行政单位,各有长官。在远郊则划分为遂、县、鄙、酂、里、邻等行政单位。

西周的任官制度主要是宗法分封与世卿世禄制。大夫以上的官职都世代相袭,分封实行嫡长子继承制和余子分封制,嫡长子为大宗,余子为小宗。大夫以下的官员实行选士制度。王朝高官重职都由宗室贵族担任。

西周爵位是按照血缘关系授予的。周王以下分为诸侯、大夫和士三个等级。诸侯和卿大夫根据血缘关系的远近及政治特权的差异,又分为九等,称为"九命"。由此看来,在西周时期已经形成了"王臣公,公臣大夫,大夫臣士"的等级制度,并根据等级差别享受不同的政治权利。

西周并没有建立官员的俸禄制度。官员的俸禄来自各自封地的收入。封地收入除了向上一级贵族交纳一定的贡赋以外,其余的全部归自己享用,也就是"公食贡,大夫食邑,士食田,庶民食力"。

西周时期开始出现了官员的致仕制度。除了世袭大贵族外,其他在各级政府任职的官员年龄到 70 岁时就要交卸职务,退休养老,以保持官僚队伍的活力。官员退休后,如果筋力尚健,可以到各级学校传授知识,同时坐享俸禄,安度晚年。这一制度直接影响了以后的诸多朝代。

西周的宗法制与分封制

夏、商、周三代的王作为至尊,融神权、宗法权于王权之中,构筑起以君主为首的王权专制和以分封宗族为主的国家政体。虽然王垄断着传达"天"意的大权,自以为王权"天"授,"有夏服(接受)天命,有殷(商)受天命"(《尚书·召诰》),"丕显文(王)武(王),受天有大命"(《大盂鼎》铭文),所以王又称"天子"、"天王",自称"予一人"。但是,此时为王者一方面利用自己的地位和权力不断摆脱"天"这一超人意志的约束,另一方面却又要把这种约束牢牢地笼罩在其臣民的头上。因而,神权更多的是充当为王权作装饰的角色,使王权多一层迷惑其臣民的神秘灵光。实际上,王权主要体现在与宗法权的紧密结合上。

宗法权是以血缘关系为纽带形成的一种权力。有着共同血缘关系的人们，尊崇共同的先祖，视为同宗。在宗族内部，为维系亲属间的关系，须区分尊卑长幼，并规定承继秩序以及不同地位的宗族成员的不同权利和义务。在原始氏族社会，尊重和服从先祖或长辈是天然的习俗，但同时它又成为宗法权出现的基础。氏族首领转而成为国家的主宰时，必然将先前对宗族的控制方式带到对国家的掌握之中来。国以家（宗族）为本，家是国的基本单位和模式，国也就必定成为扩展开来的家（家族）。"家天下"这三个字，非常准确地概括出王权的基本特征。与其说夏、商、周三代是神权、宗法权与王权紧密结合的政治体制，不如说是宗法权与王权紧密结合的政治体制更能反映历史的本质！

夏、商、周三代的王权，可以用我国早期文献中的两句话概括，即"溥天之下，莫非王土；率土之滨，莫非王臣"（《诗·小雅·北山》）和"礼乐征伐，自天子出"（《论语·季氏》）。前一句说的是王对土地和臣民的占有权，后一句说的是王掌握着对重大国事的决策权。征伐自天子出，大家比较明白，是说天子掌握兵权。礼乐自天子出，是指天子掌握祭祀上帝和先祖的主祭权。当时，祭祀上帝和先祖被视为是头等大事，它既象征王的崇高地位，又表示其在宗族内的权威。而祭祀是有一套礼仪和用乐的规定。天子之外，诸侯无权祭祖（极个别许以立先庙祭祖者例外），也无权随便用乐。

至于宗法权，夏朝王族不仅以其宗族出自禹，更上溯到黄帝。禹为姒姓，其后世有夏后氏、有扈氏、有男氏、斟寻氏、彤城氏、褒氏、费氏、杞氏、缯氏、辛氏、冥氏、斟戈（一作斟灌）氏等分支。王位在夏后氏王族内世袭，其他支族则被分封于各地，以国为姓，成为夏王朝的侯、伯，作为控制整个国家的依靠力量。到了商朝，商王即王族族长，为天下大宗。甲骨文中，还有子族、多子族等名称，其族长称"子"。在本宗内也君临一切。商王以大宗的身份和地位控制各"子"，通过他们掌握各宗族。无论是商王，还是各"子"，都是世袭。世袭在当时有"父死子继"和"兄终弟及"

西周青铜鱼币

第一章 中国古代官制的起源

两种形式。父传子叫作"世",兄传弟称为"及"。不过,商王祭祖重直系而轻旁系,显示出其嫡庶之分是存在的,还是优先考虑嫡长子继位的问题。西周初期发展并完善了商朝以来的宗法制度。周天子与同姓诸侯,实际上是姬姓宗族的放大。周天子是政治上的共主,又是宗族内的大宗。王位由嫡长子承袭已成为定制,其大宗的地位世代不变。嫡长子的兄弟分封为诸侯,对周天子而言是小宗,但在诸侯国内则为大宗,其位亦由嫡长子接替。嫡长子的兄弟受封为卿大夫,对诸侯而言是小宗,在其本宗各支内又为大宗。这种宗法制度,不仅建立在同姓的诸侯间,也推广到了异姓诸侯和贵族之中。以血缘关系的亲疏程度为纽带,一层一层地将整个统治集团牢牢地编织在一起,形成周天子对全社会的强大控制力,这正是先秦时代王权的最本质特征。嫡长子继承制是确保王权稳定交接的关键所在。

与宗法制互为表里的是分封制,即周天子通过把子弟、同姓和亲属分封到各地来体现其宗法权。相传,武王、周公、成王先后封71国,其中武王兄弟15国,同姓40国。周王的子弟、同姓及异姓诸侯就封以后,又在封国之内以宗法等级为基础,对本宗族内进行权力再分配。

进入春秋战国时期,与宗法权紧密结合的王权受到一次次的冲击。先是大国争霸,周天子大权旁落;进而是卿大夫执国政,诸侯国内乱不已。最后,天子、诸侯、卿大夫的宝塔式政治结构,大宗、小宗交错编织成的宗族关系网统统被打破。于是,建立在宗法制、等级制、世官制基础上的王权,也随之不复存在了。

知识链接

设官分职制度的雏形

据载,唐尧担任联盟首领期间,曾经设立天官吏,负责掌管天文历象,命羲和担任。虞舜上任后,扩大设官分职,禹平水土,负责管理水土工程建设;由契负责部民事务;由益掌管山泽;由皋陶作士,掌管刑法;等等。

ZHONG GUO GU DAI GUAN ZHI

《尚书》中说尧舜两代设职都有百余个。汉朝人郑玄推断，尧时有公职六十左右；舜时在六十以上。

《通志》说尧舜两代议事会设职员数相当，即"唐六十员，虞六十员"。

关于尧舜设官分职的情况目前还不清楚。但至少可以说明，尧、舜、禹时已有萌芽形态的设官分职制度。

第二章

中国古代的中央官制

封建专制主义中央集权制的建立,要求天下事皆由君主定夺。但是,君主的能力、精力有限,不可能总揽一切政务。在这种情况下,便出现了以宰相为首的中央官制。

第一节
中枢机构官制的发展

宰相制度的确立

战国时秦在各国设"相"的基础上，加一"丞"字，设丞相，在国家行政管理体制上是一创建。丞，承也，有承受之意；相，助也。丞相，即承天子之令，助理万机政务的政府最高行政长官。这种含义，与当时各国仅以"相"为"百官之长"有很大区别。丞相从职责上看，具有双重性质：他既是承受国君旨意的决策者和行政执事者，又是天子的助手，辅佐皇帝综理全国政务，亦即既隶属于国君，又有一定的行政独立性。

战国时秦设左右丞相，以左为上，右为下。秦始皇时有时设丞相一人，有时设左右丞相两人。秦统一后，丞相地位显尊，有人把他与御史大夫、太尉合称三公，共同组成中央政府的军政中枢。在"事无大小，皆决于上"的秦始皇时代，丞相地位虽有扩大，但受皇权的多方辖掣。一般来说，秦时以列侯为丞相者，地位较高，权力较大；没有被封侯者则地位较低，有的在史书上仅留下他们的姓名，而无所作为。秦二世时，以中官宦者赵高为中丞相，地位显赫，出现"事无大小，取决于高"的局面。

丞相曹参像

第二章 中国古代的中央官制

汉承秦制，仍置丞相，汉高祖时初置丞相一人，十一年（前196年）更名相国。孝惠帝后时设左右丞相，至汉文帝二年（前178年）又置一丞相。汉武帝时曾一度欲置两丞相，然右丞相始终没有任命。汉初丞相大多由功臣担任，萧何、曹参、周勃、陈平、王陵诸相都与高祖共业大事，地位显尊，具有左右朝政，总揽百官，参与朝议，考课、选拔官吏，监察地方等权力。

秦汉时，皇帝凡遇重大政务，常召集百官集会议政，即"朝议"（廷议）。朝议的范围很广，凡立君、议号、储君、封赠、赏罚、宗庙、食货、选举、立法、边事等皆可议论。朝议由丞相领衔主持，并将讨论结果奏禀皇帝，有时皇帝不召群臣议政，仅单独召见丞相询问。虽然朝议之决定权在皇帝，但丞相意见多为国君所重视。此外，丞相如对皇帝的一些决定认为不妥，有谏诤与封驳权。汉代凡丞相执行天子命令，叫"谨奉诏"，如不同意天子诏书，可不执行命令，曰"不奉诏"或"封还诏书"。朝议、咨询、谏诤和奏请等权，既是丞相对皇帝的某些制约，也是他们参与重大政务决策的主要方式。古代社会立法权在皇帝，但秦汉时丞相也有领导司法、制定法律和参与审判等权力。至于司法权，秦汉时主要由廷尉掌握，但发生重大刑狱时，丞相也参与审理，特别是对高级官员的审判。田蚡为丞相时，"蚡言灌夫家在颍州，横甚，民苦之，请案之。上曰：'此丞相事，何请？'"汉代遇重大案件，常由丞相长史、御史大夫和廷尉共同审理，称之"杂治"。丞相对违法官员还有斩杀权，武帝晚年，戾太子起兵失败，当时丞相司直田仁掌城门，使太子得出。丞相刘屈氂欲斩田仁，御史大夫暴胜之谓丞相曰："司直，吏二千石，当先请，奈何擅斩之？"武帝听后大怒，责问暴胜之曰："司直纵反者，丞相斩之，法也，大夫何以擅止之？"可见，丞相在司法方面的权力是相当大的。

汉代丞相有很大的人事权，可通过多种渠道选拔、任用官吏。汉制规定，凡中都官或郡国官，四百石以下者，丞相可自由任用。六百石至一千二百石的官员的任用，丞相也有较大的荐举权。丞相选拔、任用官员的途径有：其一，朝廷用人常与丞相商议。其二，丞相自身有权任用官吏，招贤纳士。汉代，当皇帝决定重大政务后，常以诏书形式交与丞相府转令有关部门执行。有的中央政令直接由丞相府布达郡国，而不必由中央官吏转承。汉代军事名义上由太尉掌管，但太尉并不常设，时置时废。不设太尉时，军权则由丞相兼任。有时丞相还可领兵出征。

此外，丞相还有监督官吏之权。这方面的职权都由丞相属官长史、司直

承担。司直"掌佐丞相，举不法"，参与对官吏的监察。

汉初丞相不仅权力大，而且地位尊隆，礼遇优厚。丞相萧何特赐"入朝不趋，剑履上朝"，允许带剑上朝，这在专制时代是殊礼。皇帝见丞相到，要起立施礼后才坐下，礼官在旁则高唱赞曰："皇帝为丞相下舆"、"皇帝为丞相起"。皇帝在道上，丞相迎见，皇帝还要下车还礼后再上车；丞相有病，皇帝要登门看望，死后，要往丞相府邸吊唁，并赐赠棺椁、黄金和田宅等。由于丞相地位尊贵，汉初形成"将相不辱"的风气。

丞相职事繁多，组织机构庞大，处理日常事务的机构，称为丞相府，其下有属官佐吏，协助丞相处理各项具体工作。长史与司直是丞相府最高长官，长史一般设两人，有时三人，职权是与丞相计议大事和监督中央与地方官员。同时，长史又类似相府的总管，丞相有事，常交付长史办理。司直，武帝元狩五年（前118年）置，职权是"佐丞相，举不法"，即劾奏官吏不法之事，位在司隶校尉之上。

丞相府诸曹掾属，汉武帝时达383人，由丞相直接委任，各曹协助丞相处理各项事务。主要有：东曹掾，主二千石官吏的任用；西曹掾，主丞相掾史的任用；奏曹，主奏议事；议曹，主参谋事；侍曹，主宾客；集曹，主廷议记事；辞曹，主辞讼之事；决曹，掌刑事案狱；贼曹，主逐捕盗贼事；兵曹，主兵事等。总之，汉初丞相府设有众多掾属，规模庞大，形成汉初的中央中枢行政机构。汉武帝后，中朝官制形成，丞相府地位下降，至东汉，丞相虽为三公之一，但权归尚书台。

尚书的出现

秦汉时期的中枢决策，须通过朝议，最后由皇帝裁决。一种形式是皇帝在接受百官朝见时，听取各种论议，做出决策。一种形式是就某些问题让下面先议出相应的解决办法，称"下其议"（或"集议"），再由主持集议的最高官员奏报，由皇帝抉择。秦始皇三十三年，置酒咸阳宫，大会群臣，仆射周青臣与博士淳于越因郡县制与分封制进行辩论，"始皇下其议"。丞相李斯重申二十六年的"集议"，又提出"焚书"的建议，秦始皇最后以"制曰可"作出决断。再如，西汉景帝以律条规定的吏接受所监临者财物及贱买贵卖论罪太轻，下令更议改之，"廷尉与丞相更议著令"。

第二章　中国古代的中央官制

以决策机制而言，汉朝确立起了内朝尚书制。西汉初年，沿用秦制，以丞相为百官之首。丞相"掌丞天子，助理万机"，当时多由功臣选任，位尊权重。至武帝即位之初，田蚡为丞相，出现"权移主上"的苗头。于是，武帝便在以丞相为首的官僚系统之外另建立起一个遵从自己意愿的新的近密班子，逐渐出现"内朝"（中朝）与"外朝"之分。"大司马，左、右、前、后将军，侍中、常侍、散骑、诸吏为中朝，丞相以下至六百石为外朝。"

咸阳宫

侍中，最初以入侍禁中得名。常侍，指经常侍从天子左右。这些职事都被冠以"天子之宾客"、"掌顾问应对"等名义，使其能够出入宫禁，直接参与朝议。这中间，"尚书"的变化标志着当时中枢决策系统的转换。

尚书，原本是九卿之一少府所属的办事机构，设尚书令、尚书仆射、尚书丞等，地位并不重要。武帝有意识地扩大其职权，将尚书令的秩爵自六百石提升为千石。至成帝时，又增设尚书五人，分管公卿、郡国二千石、吏民上书、外国夷狄及断狱事务。于是，尚书不仅侵夺了原属丞相的选官、民事、外事等权及廷尉的刑狱诛杀权，还逐渐获取了出纳章奏、裁决章奏的权力，即所谓"尚书出纳帝命，为王喉舌"。

这样，以尚书为主，由皇帝宠信的官宦加以侍中、常侍、给事中等名衔，便组成一个宫禁之内进行决策并可发号施令的系统，被认为是"百官之本，国家枢机"。

然而，尚书令仍属少府，其实际权限与名分相去甚远。为解决这一矛盾，便形成领、平、视、录尚书事的新制度，即以加"领尚书事"等名衔的高级官员兼管或主持尚书令所管事务。其衙署初称尚书寺，至东汉称尚书台。同时，自武帝以后，大司马大将军渐为常设武职，多由外戚担任，职权超过丞相。所以，武帝晚年以霍光为大司马大将军辅少主，昭帝一即位便加霍光"领尚书事"之衔，主内朝。其后，大司马大将军王凤、左将军师丹、前将军萧望之等皆曾领此职，诸吏光禄大夫、给事中张禹、孔光也加过此衔。内朝、外朝的格局，就这样形成了。内朝直接听命于皇帝，掌章奏的尚书也不必经丞相便可直达皇帝，内朝完全侵夺了以丞相为首的外朝官的决策权。

　　进入东汉，因尚书台设于禁中，故称中台。其机构扩大，人员增加，进一步侵夺外朝的事权。光武帝时，"凡天下之事，尽入尚书"已成为未行文的制度。朝议、朝会时，特诏御史中丞、司隶校尉、尚书令"同并专席而坐"，在当时京城中被称为"三独坐"。这时，领、平、视尚书事等称谓也划为"录尚书事"，先前的领、平、视尚书事的制度转而为每逢皇帝新立，即置太傅录尚书事，或以太尉与太傅参录。如章帝即位之初，牟融等即是以太尉参录尚书事的。同时，窦宪、梁冀等外戚，又以"决尚书事"的名义控制尚书台，操纵中枢运转。时至东汉初，尚书台便完全演变为中枢决策和发号施令的机构。而外朝的三公（丞相）、九卿，仅仅是奉命办事而已，基本上变成执行机构。即所谓"光武亲总吏职，天下事皆上尚书，与人主参决，乃下三府"。

　　内朝、外朝既分，内朝集议多由大司马大将军或太傅主持，可否决外朝之事。外朝事务由三公（丞相）主持，多是徒具虚名，但在一定条件下也制约尚书台的权力，即出诏有违法令，施之不便，可以封还尚书台，最后由皇帝裁断。尚书台事权的扩大，对限制三公（丞相）擅权、加强君主集权，在西汉中后期至东汉前期确实收到预期的效果。但是，自汉武帝开始培植的内朝势力，到东汉中后期造成宦官、外戚交错干政、乱政的局面，致使皇权旁落，皇朝瓦解，社会动荡。这一决策系统的利弊，为随之而来的各对峙政权提供了正反两个方面的借鉴，推动着中枢决策机制的再度变革。

被誉为凤凰池的中书

　　西晋初年，佐命大臣荀勖（字公曾，晋颍川颍阴，即今河南许昌市人），荀爽曾孙，早慧好学。初仕魏，为大将军曹爽掾。曹爽被诛，勖迁安阳令、骠骑从事中郎、廷尉正。后为大将军司马昭记室，数进谋略，深见信任。与裴秀、羊祜共掌机密。他长期任职中书监，掌管机密，但"每有诏令大事，虽已宣布，然终不言，不欲使人知己豫闻也"。他的亲信多次劝他培植亲信，经营私人势力，他不以为然，其理由是："人臣不密则失身，树私则背公，是大戒也。"司马炎代魏后，封他为济北郡公，拜中书监、加侍中、领著作。累迁光禄大夫、仪同三司，守尚书令，289年去世。史书评价勖有才思，善伺人

第二章 中国古代的中央官制

主意,以是能固其宠,由代理中书监荣升为尚书令。虽然两者品秩相同,但是按照官场政治传统而言,从东汉以来,尚书令位极人臣,职尊权重,秉持朝中大政,在朝廷显宦中无人能及。因此,荀勖的职位变动,无疑是一次升迁,同僚百官纷纷前往荀勖府第,贺其荣登高位。出乎众官意料,荀勖对这次升迁并未表现出喜悦之情,反而惆惆怅怅,若有所失,对众位官员说道:"夺我凤凰池,诸君何贺也!"就是说,把他调离中书,如同夺走他的"凤凰池",实际上是明升暗降,有什么值得庆贺的呢?原来,这时朝廷中枢机构除了尚书台以外,还有一个中书监,其职责是"掌赞诏命,记会时事,典作文书",以其地在禁苑,为事实上的宰相。因地位重要,接近皇帝,多承宠任,是以人因其位,"谓之凤凰池",亦称凤池、即禁苑中池沼。无怪荀勖不愿荣升新职,而有恋栈之情。这说明从魏以来,中枢权力发生了新的位移,中央官制开始了新的变动。

从西汉中期开始,尚书即以其职掌机密、接近皇帝而大权在握,此时外朝官的权力由此而被尚书所侵夺。到东汉时,其权势如日中天,时人云:"出纳王命,王之喉舌,并尚书之任也。"但此时,尚书尽管权大位尊,却仍属于中朝官,并且仍设在少府机关之内,没有成为名副其实的国家正式机构。到东汉灭亡,曹魏建国,这种情况才得以改变。尚书台从少府中脱离出来,成为独立的中央机构,下设有五曹,即吏曹、左民曹、客曹、五兵曹和度支曹。曹下又分殿中、吏部、金部、度支部、农部、水部等共二十五郎,官员众多,机构十分庞大,职权也囊括朝廷各项大政事务,正式成为管理全国各种事务的最高行政机关。因而也不便留在宫中,于是就迁到宫外,取代了三公和九卿,尚书由中朝官变为外朝官,尚书令和尚书

羊祜画像

仆射号称"宰相"和"副宰相","总齐玑衡,允厘六职"。尚书左丞也是"弹八座以下,居万机之会。斯乃皇朝之司直,天台之管辖"。

随着尚书台地位的提高,尚书专权的现象也就必然会发生,又加上尚书已成外朝官,与皇帝见面的次数少了,因而皇帝和尚书长官的关系也就逐渐疏远了,君臣间难免发生权力的冲突。魏文帝对尚书台很不放心,决心进行牵制,于是把秘书令改名为中书令,并另设了中书监,作为新的办事官员,以亲信刘放为中书监、孙资为中书令(魏文帝之所以设立中书监和中书令两个地位平行的官员,是因为刘放和孙资两人资历相当,不好分其高下,只好设立两个机构,让两人分领),秉承君主旨意,发布政令,掌管机要,处理奏章。其属官有中书郎、通事郎、中书通事舍人等,分别处理具体事务。从此以后,中书监与中书令处于接近皇帝的关键地位,又成了"出纳王命,为王喉舌"的角色,并参与机密,决策定计。出任者多为皇帝的心腹之臣,因此,比尚书令更能得到皇帝的宠信。

中书监、中书令如此重要,以致历代权臣,莫不趋之若鹜,如东晋王导,虽以司徒身份主政,身兼太保、骠骑大将军、仪同三司、侍中、假节、尚书事,但仍领中书监。谢安池以中书令的身份主持朝政数年。成帝时,庾亮是皇帝的外戚。太后临朝称制,庾亮也是以中书令的官职操纵朝政的,以致朝中"政事一决于亮"。刘宋王朝时期,在中书监任职的戴法兴与巢尚之,深得皇帝信任,凡是有军国重事,孝武帝都和他们"参怀",引为心腹重臣,而对王室成员却防范甚严,因此,两人拥权日久,威震朝野,就连皇室成员见了他们也要恭恭敬敬,不敢有丝毫冲撞。因为孝武帝多疑成性,残暴也成性,杀起皇兄皇弟来也毫不手软,他人稍有不慎,就会大祸临头。这两人作威作福,专宠自任,以致时人有谚:"戴法兴为真天子,皇帝为假天子。"其威势之隆,一至如此。

孝武帝临死,遗诏江夏王刘义恭辅佐皇帝,出任中书监,被嗣君刘子业称为"实深凭依"的"阿衡"。但是王室成员身兼朝廷重臣的政治结局往往是悲剧。刘义恭作为中书监长官,位高权重,加之又是皇亲国戚,因而引起刘子业的疑心,从而招来杀身之祸。

齐武帝时,在中书监任职的茹法亮是吴兴武康(今浙江德清西)人,出身小吏,多次出任贱职,又曾出家为道士。宋齐间,数任典签帅,揽权自重,势倾内外。齐武帝时,为中书通事舍人,与吕文度等相羽翼,权势远过公卿。

第二章 中国古代的中央官制

史书说他"广开宅宇，杉斋光丽，与延昌殿（武帝的住所）相垺。宅后为鱼池钓台，土山楼馆，长廊将一里。竹林花药之美，公家苑囿所不能及"。时位至三公的太尉王俭不无嫉妒地慨叹："我虽有大位，权寄岂及茹公！"后被调任大司农，"法亮不乐去，固辞不受"，直到接任的人来了，他才不得不"垂涕而出"，哭哭啼啼地离开了被人们称羡的"中书势利之职"。北魏文成帝时，中书侍郎高允好直言进谏，朝廷有任何处理不当的事情，高允总是恳求皇帝召见。文成帝也常常屏退左右侍从，单独接见并与之面谈。有时从早晨一直谈到黄昏，或者一连数日不出宫。高允有时言辞失当，文成帝虽有些生气，依然信任无疑，礼遇而善待之。高允任中书令时，文成帝对其非常尊重，"常不名之。恒呼之为令公"，因此人们把中书令呼为令公，以示尊重。

当然，在这一历史时期主持大政的还有由尚书组成的尚书省和以侍中为首的门下省。大致说来，三省长官尚书令、中书令和侍中，都是宰相。其具体职权划分是，自魏晋重中书之官，居喉舌之任，则尚书之职，稍以疏远。至梁、陈时期，国家机要悉在中书，献纳之任又归门下，而尚书仅听命受事而已。也就是说，在这一时朝，最高政务机构已经模模糊糊地形成了决策、审议和执行三个机构。当然还不完善，三省并未有机地结合起来，三省长官都号称"宰相"，但在具体的权力分配和行使上，时常不均衡，具有人为的因素，往往皇帝宠任哪一个机构，哪一个机构的职权就随之上升，反之，则下降。

三省分权

三省制虽在两晋南北朝时已初具规模，但正式确立以三省六部制为核心的中央行政体制则在隋唐。特别是到了唐朝，三省六部制组织较为完备，形成分工合作又互相纠检的机制，是中国古代社会政府行政体制发展成熟的标志。

三省，即中书省、门下省、尚书省。

中书省是中央政府的制令机构，它承旨撰制国家诏命、法令、起制令、决策作用。中书省隋时称内史省。唐时名称前后不一。其长官为中书令（两人，正两品），其职"掌军国之政令，盖以佐天子而执大政者也"。下置侍郎（二人，正三品），为中书令之副。中书舍人（六人，正五品）是中书省的骨

干官员，掌侍进奏、参议表章、草拟诏旨制敕及玺书册命。

门下省为政府最高审议机构，具体职责是审核中书省起草的诏命法令，有封驳、奏请之权，同时还可根据皇帝命令审核各地向中央上书的奏折。门下省隋时称纳言，唐时前后名称不一。其长官为侍中（二人，正二品），"掌出纳帝命，总典吏职，凡军国之务，与中书令参而总焉"。门下侍郎（二人，正三品）为侍中之副。其属官有左散骑常侍（二人，正三品下），掌规讽过失，侍从顾问。左谏议大夫（四人，正四品下）掌谏诤得失，侍从赞相。又置给事中（四人，正五品上），掌侍左右，分判省事，监察弘文馆缮写雠校之事。此外，门下省还有录事（四人，从七品上）、主事（四人，从八品下）、左补阙（六人，从七品上）、右拾遗（六人，从八品上）、典仪（二人，从九品下）等诸掾史。

中书省、门下省各有补阙、拾遗，均分左、右，"左"隶门下省，"右"隶中书省。左右补阙，从七品上，左右拾遗，从八品上，均是武则天时设置的，是向皇帝提意见的谏官。

尚书省是中央行政执行部门。中书省、门下省发出的制敕，皆由这里转发到中央各部门及地方州县，或者根据制敕精神制成政令下达到有关部门，尚书省的这种执行权叫"施行制敕"。唐尚书省曾称中台（龙朔二年）、文昌台（光宅元年）、都台（垂拱元年）等。尚书省组织机构庞大，其总办公地点称都省，又称都司、都台、都堂。尚书省长官为尚书令（正二品），掌典领百官，因唐太宗即位前曾任此职，故唐代例不复置，以尚书左、右仆射（从二品）为本省长官，下有左右丞各一人（左丞正四品上，右丞正四品下）主持省内日常事务。尚书省下统吏、户、礼、兵、刑、工六部，每部辖属四司，共二十四司，负责处理全国军政财文、兵刑钱谷等行政事务。六部长官为尚书一人（正三品）、侍郎一二人（吏部侍郎正四品上，余皆正四品下）。尚书省六部二十四属司，每司以郎中一二人为长官（吏部郎中正五品上，余皆从五品上）、员外郎（从六品上）一二人为其副手，分判本省六部诸司事务。

中书、门下两省为唐代中央政府制令、审议的决策机构，两省关系密切，合称"两省"或"北省"（尚书省称南省）。唐朝制令、审议和执行的运转过程，大致是这样的：凡军国大政的制敕起草先由皇帝交付中书省，中书省由中书舍人先对各类文书进行披览，作出初步处理意见，并草拟文告再交给中书令。由于中书舍人在拟稿中各执所见，杂署其名，故称"五花判事"。由中

书侍郎、中书令补充修改后交皇帝审阅,皇帝审阅后再下中书省。中书省把草拟的制敕交门下省审议,门下省认为不当,可退还中书省。这种审议权叫"涂归"、"封驳"或"封还"。中书省经过修改后的草拟制敕,再向皇帝奏报,待画敕得旨后,再经中书省交付门下省。若门下省认可后,则交付尚书省执行。这种上下反复,草拟、封驳、审定制敕出令的做法,唐时称"驳正"或"论执"。唐太宗一再督促中书、门下认真执行这一职责。这种三省驳议制,表明三省分权的确立:只有中书才能发令,只有门下才许封驳,只有尚书才可负责执行。

隋唐三省制的建立在中国古代行政体制中占有重要地位,它不仅排除了丞相个人专断,相权过大威胁皇权而出现的政治危机,而且增强了决策施政的程序性和合理性,提高了行政效率。但三省制在制令、审议决策和实施过程中,相互会有牵制、制约、推诿和颉颃现象。唐太宗对这种情况曾表现出忧虑:"国家本置中书、门下以相检察,中书诏敕或有差失,则门下当行驳正。人心所见,互有不同,苟论难往来,务求至当,舍己从人,亦复何伤!比来或护己之短,遂成怨隙,或苟被私怨,知非不正,顺一人之颜情,为兆民之深患,此乃亡国之政也。"为缓和这种矛盾,唐初就使中书、门下两省联合议政,这就是政事堂的设置。

政事堂,即议政决策的厅堂,又称"政事院"、"政府",最初设在门下省,随着政事向中书省转移,中宗时裴炎为中书令时移至中书省办公。玄宗开元时,张说为中书令,又改政事堂为"中书门下",其政事印亦改为"中书门下之印",下设吏房、枢机房、兵房、户房、刑礼房五房。至此,政事堂已从议

唐太宗雕塑

政之所变成宰相机关了。在政事堂（中书门下）议政的数位宰相之中，有一位首席宰相，称为"执政事笔"，玄宗时李林甫、杨国忠两人先后窃居此职，专权用事，导致社会危机四伏。故肃宗即位后为"惩林甫及杨国忠之专权，改为宰相每隔十天轮流执笔，德宗时又改为每日一人轮流秉笔，其用意在于防止宰相专权。

参加政事堂议政的起初是三省长官，但国君为了广泛延揽人才参与朝政，同时为了避免宰相年龄结构的老化，于是对一些资历较浅又取得皇帝信任的官员，以特别名义和头衔给他们参政的机会。这就是"参知机务"、"参议得失"或"同中书门下平章事"、"同中书门下三品"等官衔的出现。这种以皇帝近侍的低级官员参与中枢政务，目的无非是想控制元老重臣，防止他们擅权。这一做法与汉代的中朝制有相似之处。太宗时，杜淹以吏部尚书参议朝政，魏徵以秘书监参与朝政，其后大臣或以"专典机密"、"参掌机密"、"参与机务"、"参与政事"等名义，参加政事堂会议，皆成为真宰相。贞观八年（634年）尚书仆射李靖以足疾上表要求辞职，太宗不允，下诏"疾小愈，三两日一至中书门下平章事"。这是用"平章事"名号之始。从字义上解释，平有治、定的意思，章，别也，明也。平章即辨别而章明，即指议论、辨别、裁决政事要公平、明著。贞观十七年（643年）太宗在立晋王李治为太子的同时，又以李勣为太子詹事并加号"同中书门下三品"（唐前期，侍中、中书令皆为正三品，中叶后升至从二品），使其预宰相事，从此便有了"同三品"的名号，到高宗时"同平章事"和"同三品"都成了宰相的官衔。此后，凡带有"同平章事"和"同三品"衔者为宰相，即使是素享"真宰相"的中书令、侍中也必带此衔，而不加此衔者，即使是尚书仆射，也最终会被挤出宰相行列。这样唐代宰相府的组成少者两三人，多者八九人，睿宗时增至十七人，成为集体议决军国大政的机构。

废宰相　建内阁

在我国封建社会的"家天下"时代，整个国家的权力都在皇帝手中。但是，几百个皇帝各有不同，有的是亲自执政，日理万机；有的只问大事，其余委之臣下；有的百事不问，一心玩乐。这其中，将国家权力最大限度地集中在自己手中，使封建君权达到最高程度的皇帝有两个突出的代表，一个是统一六国的

第二章 中国古代的中央官制

秦始皇，另一个就是明朝的开国皇帝朱元璋。朱元璋集中君权有不少措施，其中最著名的一件事，就是取消宰相这一相沿2000年左右的官职。

朱元璋出身贫苦，参加元末大起义，苦战16年，方才剪灭群雄，建立明朝。在这一过程中，他当然是大权在握，指挥若定，但在长期战争中，也必然要出现或独当一面、统领大军的武将，或居中策划、经略四方的谋臣。虽然朱元璋建国时就废去了元朝制度中权力很大的"中书令"一职，但仍有中书省。李善长、徐达、汪广洋、胡惟庸等颇有权威和声望的丞相，仍是"百司纲领，总率郡属"的。朱元璋认为不少开国功臣"事主之心日骄，富贵之志日淫"，危及君权，于是处死了朱亮祖、傅友德、朱文正、蓝玉等几位大将。当发现丞相胡惟庸"谋不轨"时，更果断地杀掉胡惟庸和有牵连的李善长，废去中书省，宣布永远不设丞相之职，此制至明末未有更改。清代仿之，仍不设丞相。宰相制的废除，是我国古代政治史上君权与相权长期存在的矛盾的集中体现。

"君权日长，相权日消"，我国古代的中央集权制到了明清可谓到达了顶峰。可是，无论皇帝的精力如何充沛，智力如何聪颖，一个人要"日理万机"，总是力不从心。在一般情况下，每天送到朱元璋面前的臣僚奏章有两百多份，需要处理的公事有四百余件，一个人无论如何也看不尽，批不完。于是，他不得不从翰林院选择几位才能优异的文士入宫阅读奏章，加以选择之后再送他批示。他要下达各种旨令，也由这些人起草，但规定"侍左右备顾问，然不得平章军国重事"。其实这种制度也并非朱元璋的发明，古已有之，汉代就已有备皇帝召见、备顾问的文学技艺之士，称为"待诏"，如待诏金马门、待诏玉堂署、待诏黄门之类。实际上开了后世内阁制之先河。在《三国志·魏书·王郎传》附《王肃传》裴注中，首次出现了"兰台为外台，秘书为内阁"之语，可知当时已有"内阁"之称。唐代有"翰林学士"待诏备顾问，如诗人张九龄当过"翰林待诏"，中唐以后不少宰相就由此出身。而且从唐中宗开始，还有"大学士"、"直学士"等头衔，最早的四位大学士李峤、宗楚客、赵彦昭、韦嗣立都当上了宰相。以后，崇文馆大学士、集贤殿大学士之类常有设置。宋代的翰林学士不少，而且有了"侍读学士"、"侍讲学士"等称号，吕蒙正、欧阳修、沈括等都当过翰林学士。宋代还给一些臣僚封赠以宫内某某殿、某某阁的直学士、大学士等职，成为一种荣誉性职衔。如著名的"青天大老爷"包拯就曾任"天章阁待制"、"龙图阁直学士"；大

朱元璋雕塑

文学家欧阳修和以抗击西夏闻名的王韶曾任"观文殿学士";编《资治通鉴》的司马光曾任过"天章阁待制兼侍讲"。当时的殿阁有观文殿、资政殿、端明殿、龙图阁、天章阁、宝文阁、显谟阁、徽猷阁等。这些"馆阁之选,皆天下英俊,然必试而后命,一经此职,遂为名流。其高者曰集贤殿修撰、史馆修撰、直龙图阁、直昭文馆、史馆、集贤院、秘阁,次曰集贤、秘阁校理。官卑者称馆阁校勘、史馆检讨,均谓之馆职"。

以上这些,可以看作明代内阁制的先声。

朱元璋废相之后,先是简选翰林文臣入直文渊阁。洪武十五年(1392年),即废相之后两年,就仿唐宋旧制设华盖殿、武英殿、文华殿、文渊阁、东阁大学士。明成祖永乐年间,大学士解缙、胡广、杨荣等七人奉命入午门,到文渊阁值班,参与机要,不再遵守朱元璋关于大学士"皆侍左右备顾问,然不得平章军国重事"(孙承泽《春明梦余录》卷二十三《内阁》)的旧规。以后殿阁名称还有增加,如弘文阁、谨身殿等。这些殿阁都设于"大内"即宫禁之中,故统称"内阁",大学士亦统称"内阁大学士"。初时,大学士品阶只有五品,只起秘书、顾问、参谋的作用。但由于职务本身的重要,又日侍皇帝之侧,故而权力愈来愈大,地位愈来愈高,内阁大学士逐步提升为尚书、侍郎,而又从尚书、侍郎中任命大学士,于是内阁的地位就高于六部。后来内阁又设立了"中书舍人"等辅助性职官,明成祖时第一批入阁的解缙、杨士奇、杨荣等均成为朝中重臣。这样,内阁就成了一个既无固定官署又无固定职官的实权机构,成为支持皇权的行政中枢,类似于前代的中书门下省。入阁者也不再是五品翰林学士,而是以尚书、侍郎为主。人数最少时为一人，称为"独相"，最多时有八九人。明世宗嘉靖时，内阁大学士就"朝位班次，俱列六部之上"，号称辅臣（首席辅臣称"首辅"或"元首"，权力最重），一般尊称为"阁老"，是"虽无宰相之名（按：明代也有称大学士为宰相的，那只是一种尊称，或是一种仿古的别称），而有宰相之实"。

内阁大学士类似于过去的宰相，但仍与宰相有许多差别。主要的是大学士很难独立发挥其权力，大多是根据皇帝旨意草拟诏令，由皇帝认可后下达诸司，或对中外奏章提出意见，由皇帝批后交六部办理，这一般就称为"票拟"，即"上委之圣裁，下委之六部"，本身仅能"主旨拟而不身与其事"。明代对文武官员的用人权又集中于吏部和兵部，大学士难以做主。加之都察院、六科给事中以及各道监察御史拥有纠劾言之权。再加之明代经常有宦官弄权，"相权转归之寺人"，所以，大学士的权力是不能与前代的宰相相比的。当然，如果遇上不管政事或不大管政事的皇帝，大学士也可在一段时期中擅权，如夏言、严嵩、徐阶、张居正等，都被时人称为"赫然为真宰相"，就是说他们不同于一般的大学士那样的"假宰相"。也正因为内阁大学士不等于宰相，而又有一定的荣誉称号的作用，所以一个人可以同时任几种大学士，以表示皇帝对他的恩宠。例如杨升庵的父亲杨廷和，是明代大学士中的有名人物，他于成化年间中进士，入翰林院；弘治时任侍读学士；正德二年入阁，任户部侍郎兼文渊阁大学士，五年二月兼武英殿大学士，九月兼谨身殿大学士，七年十月兼华盖殿大学士。很明显，他不是身兼四种宰相，仍是内阁大学士，只是在大学士中名列前茅而已。

军机处的设立

作为由一个奴隶制政权演化而来的封建政权，清朝的权力机关有一个比较长的历史演进过程。努尔哈赤建立后金政权后，伴随着满族政权雏形的初显和军政力量的扩张，国家事务日趋繁忙和复杂，努尔哈赤便建立了以满洲贵族为核心的议政王大臣会议。

满洲入关，建立起统一的大清王朝以后，议政王大臣会议又有了进一步的扩大。顺治年间，非满族的范文程、安达礼、宁完我等也先后受命为议政大臣。这样以皇帝亲信关系并着眼于国政需要，逐步代替狭隘的氏族血缘关系，有力地扩大了议政王大臣会议的政权基础。"议政"是一种正式的职衔，必须经过皇帝的任命。同样，在必要时，皇帝也可以撤销某一贵族及大臣的议政资格。最初议政王大臣权力极大，凡军国重务，不由内阁"票拟"者，皆交议政王大臣会议。像皇位继承这样的重大决策也由议政王大臣会议决定，议政王大臣会议的决策皇帝不能更改，甚至议政王大臣有权罢免皇帝。像多尔衮、鳌拜这样位高权重的大臣都是议政王大臣会议的骨干。

　　康熙十六年（1677年）设立南书房，南书房本来是康熙帝读书处，俗称南斋。康熙帝"择词臣才品兼优者"入值，研讨学问，吟诗作画，称"南书房行走"。入值者主要陪伴皇帝赋诗撰文，写字作画，有时还秉承皇帝的意旨起草诏令，"撰述谕旨"。由于南书房"非崇班贵檩、上所亲信者不得入"，所以它完全是由皇帝严密控制的一个核心机要机构，随时承旨出诏行令，这使南书房"权势日崇"。许多重大政务已不再交付议政王大臣会议讨论，改为径由南书房传谕或遵旨起草上谕，甚至收纳来自各地的密奏小折。南书房是康熙帝削弱议政王大臣会议权力，同时将外朝内阁的某些职能移归内廷，实施高度集权的重要步骤。

　　雍正初年，青海和硕特部贵族叛乱，清世宗准备对西北用兵。雍正七年（1729年），因内阁在太和门外，军情紧急，往来多有不便，清世宗在隆宗门内设置军机房，从内阁中挑选谨密可靠的中书、笔帖式等低级文员入值缮写，以为处理紧急军务之用，辅佐皇帝处理政务。十年（1732年），改称"办理军机处"，并且正式颁发"办理军机处钤封印信"，这一机构算是固定了下来。乾隆以后省去"办理"二字，遂简称为"军机处"了。军机处成立后，议政王大臣会议于乾隆五十六年（1791年）废置，内阁变成只是办理例行事务的机构，一切机密大政均归于军机处办理。军机处总揽军、政大权两端，真正成为执政的最高国家机关。但若从清朝正式官制来看，军机处还不算正式机构。

康熙铜像

第二章　中国古代的中央官制

军机处设有军机大臣，俗称"大军机"。分设满、汉员，由满汉大学士、各部尚书、侍郎、总督等官员奉特旨充当，均为兼差。军机大臣没有定额，军机处初设时为三人，以后增加到四五人至八九人，最多至十一人不等。任期无限制，全凭皇帝旨意而定。凡经皇帝选调到军机处任职的军机大臣，称"入值"。初入值军机处者，因资历或能力尚浅，则命在"军机大臣上学习行走"。加"学习"两字，数年以后，再由领班的军机大臣奏请去其"学习"二字。各军机大臣之间，因资格、品位高低而有差别，除按照职位高低排班外，权力亦有不同。如有的满洲军机大臣只准阅办满文奏报；新任之军机大臣不准阅办皇帝未批过的奏报。

军机处还设有军机章京，因接近天子，参与机要，故被人称做"小军机"，亦称"司员"。初期，军机章京无一定额数，由军机大臣在内阁中书等宫中选调。乾隆时改由内阁、六部、理藩院等衙门中挑取。嘉庆四年（1799年）开始，定军机章京分满、汉各两班，每班八人，共三十二人。各班设领班、帮领班章京各一员，由军机大臣于章京中择资深望重者任之。

军机处职掌每日觐见皇帝，共商军国大事，并奉旨对各部门各地方负责官员发布指示的重要使命，因此它在朝廷权力运作中具有举足轻重的地位。

军机处

军机大臣的职掌可综合为六个方面：负责皇帝下达谕旨的撰拟和参与官员上报之奏文书的处理；凡国家之施政方略、军事谋略以及官员的重要陈奏意见，或对官员的惩处、弹劾事件等，皇帝批交军机大臣会议，或会同各有关衙门会议，并著提出处理意见，奏报皇帝裁夺；某些重大案件，皇帝专交军机大臣审理定拟，或会同三法司审拟；文武官员上至大学士、各部尚书，各省总督、巡抚，下至道府、学政、关差，以及驻防将军、都统，驻各边疆地区的参赞、领队、办事大臣等的补放，均由军机大臣开列应补人员名单，呈皇帝择用。遇科考，亦由军机大臣开列主考、总裁官名单及考试题目，请皇帝采择。复试、殿试，军机大臣负责核对试卷、检查笔迹或充任阅卷官；军机大臣常侍皇帝左右，以备顾问；军机大臣可奉皇帝之命，以"钦差"的身份，往各地检查或处理政务，稽查各省、各部院之汇奏事件。此外，军机大臣还兼任方略馆的总裁，内务府管理大臣及总理各国事务衙门大臣，等等。交由兵部捷报处驿递。如遇特别机密紧要的密谕件，则由军机大臣自行缮写封固，上写"军机大臣密寄"。

　　明朝的内阁最初和清朝的军机处类似，是辅佐永乐皇帝处理政务的机构，是一个纯粹的秘书机构。但是随着后来的皇帝精力和能力下降，内阁逐渐有了一定的决策权，可以决定国家政务，明朝的内阁首辅在某种程度上是行使相权的，尤其是到了明朝后期，像万历那样几十年不上朝，国家政务都靠内阁去打理。而清朝的军机处则纯粹是一个秘书机构，军机大臣只是提出建议、执行皇帝的决策，决策权都在皇帝。军机大臣无日不被召见，无日不承命办事，出入于宫廷之间。皇帝行动所到的地方，军机大臣也无不随从在侧。但军机处完全置于皇帝的直接掌握之下，等于皇帝的私人秘书班子。军机处名义上是国家最高的权力机构，但实际上始终处于临时机构的地位，不像正式国家机关的样子。军机处办公的地方不称衙署，仅称"值房"。军机大臣的值房称为"军机堂"，初仅板屋数间，后来才改建瓦屋。军机处值庐"本不甚宏敞，大臣如满六人，坐位固嫌逼窄，相传必有一人不利"。军机处也无专官，军机大臣、军机章京都是以原官兼职，皇帝可以随时令其离开军机处，回本衙门。军机大臣既无品级，也无俸禄。军机大臣之任命，并无制度上的规定可供遵循，完全出于皇帝的个人意志。军机大臣的职务也没有制度上的规定，一切都是皇帝临时交办的，所以军机大臣只是承旨办事而已。而且朝廷严禁军机大臣与外官相接触，"军机大臣旧例与入觐督抚不私觌、不留饮，唯于朝

房公地延接数次,亦人所共知共见也"。加上清朝的皇帝大多数精明干练,勤于政务,事必躬亲,很少出现昏君,自然避免了像明朝那样臣权欺凌君权的现象,皇帝是绝对的人主。

知识链接

宰与相的起源

在我国古代,宰最初为君主、贵族的厨师之称,从商代开始设置。商代初年,伊尹曾做过商汤的厨师,称为宰。(《韩非子·说难》:"伊尹为宰。"因为宰与君主、贵族最为接近,容易得到君主的宠信,逐渐成为君主、贵族掌管家务的总管,即家奴的头目,因此也称冢宰。有时甚至辅助君主暂时处理政务。《史记·殷本纪》说:"帝武丁即位,思复兴殷,而未得其佐。三年不言,政事决定于冢宰,以观国风。"西周时期的宰,直接听命于王后。那时诸侯、大夫的管家也称宰。春秋时期,天子、诸侯、大夫的管家,有的仍称宰。鲁、齐等国诸侯公邑和大夫私邑的长官也称宰,如孔子为中都宰,晏子为东阿宰,这里的中都、东阿都是公邑;闵子骞为费宰,费是季孙氏的采邑。但在春秋时期,诸侯的管家多称太宰,有的国家(如郑国)称为冢宰。当时一些有作为的诸侯,如齐桓公,用太宰主持国家大政,权力在世卿之上,称为相(管仲就是这样)。于是,宰和相便联在一起,这就是后来宰相这一称呼的起源。以后便以宰相为封建君主制度下辅佐君主总理政务的最高长官的通称。

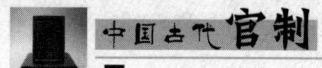

第二节
中央政务机构官制的发展

三公九卿制的形成

所谓三公,即:丞相,"掌丞天子,助理万机",辅助皇帝处理全国政务;太尉,协助皇帝总领全国军事;御史大夫,掌监察并帮助丞相处理政务。西汉末年改丞相为大司徒,太尉为大司马,御史大夫为大司空。东汉时则以太尉、司徒、司空为三公,共同辅助皇帝决策。按规定:凡国有大造大疑,通而论之,国有过事,通而谏之;并按照天、地、人的划分而分别领导九卿,号称为"宰相"。

所谓"九卿",实际并不是只有九个,而是泛指政府各部门的主要官员,称之为"诸卿"或"列卿",似比较妥帖。从总体上看,诸卿的设置和机能体现中央集权制的特点。

太常:为诸卿之首,曾称奉常和秩宗,由战国时期各国所设的宗祝、太卜等官职演变而来,秦始置。基本职责是掌宗庙礼仪,并兼管教育,负责选拔博士和博士弟子。太常卿多以皇族或外戚充任,属员总编制多时达340余人。

宗正:由周代小宗伯演变而成,秦始置。职在管理宗族事务。设有两丞和百余名属员,多由宗室和外戚充任。

光禄勋:由战国时期各国所设的郎中之职演变而来,故秦及汉初称郎中令,汉武帝时改称。掌管宫殿门户守卫和传达事务。其下设有丞、掾、主事等属员,还有郎中将、中郎将、羽林郎及掌顾问应对的光禄大夫、谏议大夫,掌传达与司仪的仆射、谒者等,属官很多。其所属的各种郎官,不仅是皇帝

第二章 中国古代的中央官制

的亲近侍从,也是朝廷的后备官员。

卫尉:战国时秦国始置,秦汉因之,汉代一度改为中大夫令。职在统领卫士护卫宫阙。其下设有丞、公车司马令等属官。

太仆:秦始置,汉因之,王莽时曾更名为太御。其职责主要是掌管国家马政和皇帝乘舆,皇帝出行,太仆要亲自驾车。其下有丞、车府令等属官。

大鸿胪:战国时齐国设主客、大行等官,秦统一后置典客,汉初因之,汉景帝六年(前151年)更名大行令,汉武帝太初元年(前104年)改称大鸿胪,王莽一度改为典乐。其主要职责是掌管边疆少数民族事务和诸侯王朝聘宴迎之事。其属官有丞、主客、行人等。

典属国:秦始置,汉因之,汉成帝时省并入大鸿胪。主要职责是掌管边疆少数民族地区和属国事务。

廷尉:秦始置,汉景帝时改为大理,汉武帝时复旧称,王莽改为作士,

古代宫殿建筑

东汉再度恢复旧称。主要职责是掌管刑狱，其下属有正、监、平等官，负责司法事务，所属有监狱。

执金吾：秦时名为中尉，汉武帝时更名为执金吾，王莽改为奋武，东汉复西汉武帝时旧称。"吾者御也，掌执金革，以御非常"，主要职责是负责宫殿之外、京城之内的警卫和治安，皇帝出巡时充当护卫和仪仗队，东汉时还出巡地方，考察地方治安。其属官有丞、司马、千人等。

大司农：秦时为治粟内史，汉景帝更名大农令，汉武帝改名大司农，王莽改名为羲和，又改为纳言，东汉复西汉武帝时旧称。主要职责是负责国家财政，涉及范围很广，国家财政收支、军国用度、田租口赋、盐铁专卖、均输漕运、沽榷平准、货币管理等均归其管辖。主要属官有治粟都尉和太仓、均输、平准、都内、籍田等令丞。

少府：战国时设，主管官手工业和王家财政，秦汉沿置，王莽改为共工，东汉恢复旧称。主要职责是主管皇室财政，但也涉及皇室家务，故其下组织庞大，仅丞就设六员，符节、尚书、中书等均在其属下。东汉将少府的部分职权划归大司农，但作为综理国政的尚书台仍归属于少府。

水衡都尉：汉武帝时设。最初主管盐铁专卖，实行告缗钱之后，收入集中到上林苑，则专管上林苑事。东汉初省，并其职于少府。

将作大匠：秦名将作少府，汉景帝时改称将作大匠，王莽改为都匠，东汉复西汉景帝时旧称。主要负责宫室、陵寝及其土木工程的施工、组织、监督。

司隶校尉：汉武帝时置，领兵千余人，专门纠察包括丞相在内的京师百官和京师所在州的地方官，且能够领兵督捕大奸猾，权力甚大；后来罢其领兵，其职权也就与各州刺史相同，但级别高于各州刺史。

皇后三卿：中宫詹事、大长秋、中宫卫尉是皇后三卿，有时太后也设三卿或一卿，主管中宫和太后宫的内务、政事、保卫等事务，也各自设有属官。

太子太傅：太子太傅、太子少傅的级别与诸卿同，除教授太子之外，还主管太子家政，领导太子詹事府。詹事府设詹事、少詹事等员，东汉废去，魏晋以后复置。

上述诸卿级别都在二千石以上，按规定可以参加朝廷的集议，大规模的集议有时还扩大到六百石，这样，诸卿和他们的属官往往可以参与朝政。因此，诸卿虽然有明确的分工，但又存在职无常守的现象，皇帝可以随时不受

规章制度的限制，对所有部门和臣僚进行调整派遣，重要政务只能取决于皇帝和身边少数人。在这种情况下，诸卿既可参加本部门以外事务的集议，又可以领兵作战，乃至处理本部门以外的事务。实际上是皇帝运用自己专有的最高用人权，随时调遣官吏，随意增减职权，使规章制度的运用往往呈现出千差万别。

隋唐时期的六部

隋唐时期，尚书省为中央政府行政的执行机构。尚书省下设六部，即吏、户、礼、兵、刑、工各部，每部设尚书为长官，侍郎为副长官。每部下辖四司，共二十四司，各司又设郎中、员外郎为正、副长官。六部职能如下。

1. 吏部

主管人事铨选，任免全国官吏，对官吏进行考课和奖惩，地位在其他五部之上，"此官历代班序常尊，不与诸曹同"。吏部设尚书一人，正三品，为长官，吏部侍郎正四品上，为副长官，下设吏部、司勋、司封、考功四司：

吏部司，主持本司工作的是郎中，从五品上，协助郎中处理本司事务的是员外郎。吏部司主要负责文官铨选，三品以上由皇帝铨选，以下则由侍郎、郎中铨选。

司勋司，主官勋位，长官为郎中、员外郎。

司封司，主管封爵，与以上各司一样，郎中主持本司工作，员外郎协助郎中工作。

考功司，考察官吏功过，长官为郎中、员外郎。

2. 户部

主管全国财政，掌天下土地、户口、钱谷、贡赋以及物产、水陆道途。设尚书一人，正三品，侍郎一人，正四品下，分别为正、副长官。下设户部、度支、金部、仓部四司：

户部司，主管全国户口增减和农田政令，以及"任土所出，而为贡赋之差"。郎中、员外郎为本司正、副长官。

度支司，掌天下租赋、物产调配和水陆运输等事，设郎中、员外郎为本司正、副长官。

金部司，掌天下库藏出纳、权衡度量之数，两京市、宫市交易的管理。

此外，各地开矿、铸钱和贸易方面的政令也由其掌管。郎中、员外郎为正、副长官。

仓部司，掌全国粮食的税收、各级官吏的禄廪诸事，也以郎中、员外郎为正、副长官。

3. 礼部

主管各种礼仪及文化教育、祭祀、贡举等事。设尚书一人，正三品，为长官，侍郎一人，正四品下，为副。下设礼部、祠部、膳部、主客四司，各司以郎中、员外郎为正、副长官：

礼部司，掌礼仪、学校、衣冠、符印、表疏、图书、册命、祥瑞，以及百官、宫人丧葬赠赙等事。

祠部司，掌一般的祭祀，如天文、国祭、漏刻、庙宇以及僧尼的管理。

膳部司，掌朝会之饮食及祭祀之供物。

主客司，掌诸蕃朝聘，即招待外宾及边境少数民族的朝聘往来。

4. 兵部

主管全国军政。掌武选、地图、车马、甲械，以及武官阶品、军令、军籍等事。设尚书、侍郎为正、副长官。下设兵部、职方、驾部和库部四司，各司以郎中、员外郎为正、副官员：

兵部司，掌武官铨选及中下级武官的擢升。凡兵将在战争中有功而封勋者，会同吏部司封、司勋一起评定。

职方司，掌管地图方位、烽候数以及边境少数民族归附等事。

驾部司，掌管车辇乘舆、传驿及马牛饲养、训练等事。

库部司，掌管武器库藏和兵器入库支出数量管理等事。

5. 刑部

掌全国司法行政和重大案件的审判，以及徒隶、句复、关禁的政令。设尚书、侍郎各一人，为本部正、副长官。所属有刑部、都官、比部、司门四司，以郎中、员外郎为各司正、副长官：

刑部司，掌律法，管理大理寺及全国重大案件。凡审理重大案

祠堂

件,可用尚书侍郎的名义,与御史中丞、大理卿组成"三司",共同参议,颁布赦令,代表刑部宣布囚徒名单。

都官司,管理俘隶簿录,及衣粮药物,并审理其诉讼事件。

比部司,掌内外诸司百僚俸料、经费、赃赎、徒役等各项事务。

司门司,管理门禁关卡出入登记,以及各地上缴失物的处理。

6. 工部

掌土木水利工程及农、林、牧(军马除外)、渔之政。以尚书、侍郎为正、副长官,下辖工部、屯田、虞部、水部四司,以郎中、员外郎为正、副长官:

工部司,掌宫殿、城池、陵庙及各衙门兴建之政令。

屯田司,掌全国屯田政令及在京文武官员职田、诸司官署公田的配给。

虞部司,掌京师苑囿管理,草木薪炭、渔猎生产等政令。

水部司,掌管全国水利兴修、船舻、沟渠桥梁的政令及渔捕、漕运诸事。

唐六部的设立及分工,在我国行政制度史上是一大进步。

首先,六部正式成为国家的行政执行机关,官员成为国家的正式官员,与汉诸卿相比(汉诸卿中不少仍是宫廷私职),唐六部不仅在名称上,而且在职务上都成为正式的国家机关和国家官职。如汉光禄勋,就官名本义论,等于皇帝的门房,不脱宫廷私职气味,而吏部,显而易见是国家机构的名称;又如卫尉掌军事,卫是对宫廷而言的,唐代改为兵部,就一洗宫廷私家气味。

其次,唐六部职能明确,分工合理,提高了行政效率。东汉魏晋以来,诸卿机关、官员、职能置废无常,而尚书六曹也常行使诸卿的职权。诸卿、六曹职权交错,互相混淆,极大地阻碍了政务的推行。唐实行六部制,职明责清,有助于避免相互推诿现象的出现,从而提高了行政效率。

最后,唐六部的设立,使中央政府有了严密的行政机关。如同郑樵在《通志》中所说:"(尚书省)都堂居中,左右分司。都堂之东有吏部、户部、礼部三行,每行四司,左司统之。都堂之西有兵部、刑部、工部三行,每行四司,右司统之。凡二十四司,分曹共理,而天下之事尽矣。"

两宋创立的二府

宋朝初年,中央行政机构的设置依然沿袭唐代。中央设置三师(太师、太傅、太保)和三公(太尉、司徒、司空)。宋徽宗时,权臣蔡京当政,废三

枢密院

公，另置三孤（少师、少傅、少保），三师仅掌贵族宗室的加官、赠官名号，没有实权。尚书、中书、门下三省的机构依然设置，但是三省长官官位尊崇，很少授命于人，即便是授予这些官衔的官员，也不参与朝政，只是作为少数重臣的荣誉虚衔或者死后的赠与。另外，各"殿学士"为宋朝最高级职别衔名。朝廷设此，特用以恩宠离任的宰相和执政，"学士之职，资望极峻，无吏守，无职掌，唯出入待从备顾问而已"，都是虚职。真正的最高国务处理机关是掌管军事的枢密院（西府）和掌管政务的中书门下（政事堂、东府），共同行使行政领导权，并称为"二府"。

北宋前期一百多年的时间里，宰相的设置多沿袭唐制，即拥有"同中书门下平章事"的官员是宰相，有"参知政事"名号的官员是副宰相。上述头衔多加在尚书左（右）仆射、中书侍郎或者门下侍郎等官员身上，因此有的宰相称为"尚书左（右）仆射同平章事"，有的称"中书（门下）侍郎同平章事"。资历深的宰相往往加上一些荣誉头衔，如太尉、太保、司空等，以示尊崇。资历稍浅但又为皇帝所信任的大臣，可以加"同平章事"，以便参与朝政。宋朝初年以"半部论语治天下"闻名的赵普先是以"门下侍郎同平章事"的身份参与朝政，为皇帝出谋划策，后来升迁为尚书左仆射兼门下侍郎同平章事，其实就是当朝的宰相。被宋太宗称为"大事不糊涂"的吕易直，也是以户部尚书加同平章事参与朝政。王旦、范仲淹等人则是以"参知政事"的名号参与政务，这时的宰相无定员，一般为3～5人。

宋神宗元丰年间，宋朝的官制有所变动。以尚书左右仆射为宰相，左仆射兼门下侍郎为正宰相，右仆射兼中书侍郎为副宰相。如司马光就曾任左仆射兼门下侍郎，吕公度曾任尚书右仆射兼中书侍郎。但是正副宰相之间的职权是不平衡的。本来正宰相的权力要大于副宰相。可是事实并非如此。副宰相身在中书，执掌议政、取旨和出令，事权就重一些。神宗时期，右仆射兼中书侍郎蔡确权力就比左仆射兼门下侍郎王珪要大，论名分，蔡确却低于王

第二章 中国古代的中央官制

珪，这就使得他们相互牵制，不能独掌大权。同时中书和门下两省又设立了专职侍郎，他们和尚书左右丞替代了原来的参知政事，成为事实上的副宰相。

高宗建炎三年（1129年），南宋的中枢机构再次发生变动，以尚书左右仆射加同平章事为宰相，门下与中书两侍郎为参知政事，即副宰相，废除了尚书左右丞。这时的宰相数目少，权力集中。这是当时的政治军事形势决定的，金兵不时南下，军务繁兴，政务需要集中处理。相权集中后，必然开始膨胀。汪伯颜任左仆射时，专权自恣；黄潜善任右仆射时，逐走主战派李纲，杀死太学生陈东、欧阳澈。秦桧更是历史上出名的权相，掌权时间长达19年，两度出任宰相的赵鼎因为与秦桧意见不合，而被他一贬再贬。秦桧还以"莫须有"的罪名处死了抗金名将岳飞。

宋孝宗乾道年间，又改尚书左右仆射同平章事为左右丞相，以虞允文为左丞相，梁克家为右丞相，副宰相仍然称为参知政事。从此以后，侍中、中书令、尚书令等官名完全废除。

除了上述官职为相职外，宋朝史书中还有"平章军国重事"、"同平章军国重事"等官衔，这些也是宰相的称呼，但是比较稀少，主要用来尊崇元老重臣。北宋时期的大臣文彦博，前后居官50多年，历经仁宗、英宗、神宗、哲宗四朝，堪称四朝元老，最后在哲宗朝被任命为太师、平章军国重事。吕公度也是四朝元老，曾经和司马光一同辅政。这些大臣可以数日一朝，也可半月一朝，但大多年老，不太参与政事。当然有的"平章军国重事"握有实权。宋宁宗时，外戚韩侂胄加"平章军国重事"，大权独揽，一日一朝，相映在他的府第，位居左右丞相之上。宋度宗时的贾似道，也是以太师之尊，加平章军国重事，总揽朝政。其私宅西湖葛岭成为事实上的小朝廷。

"二府"中的另一府就是枢密院。枢密院起源于唐朝末年，唐代宗设枢密使，由宦官担任，典掌机要，出纳王命。后梁时期太祖朱温也是以亲信朝臣出任枢密使，仍然典掌机要，并且备皇帝顾问，但已经不是宦官出任了。后唐时，枢密使很受重用，"军国大政，天子多与之谋"，宰相仅仅"受成命"。枢密使之任，重于宰相。由于当时列国纷争，战事频繁，各个政权都以武事为重，所以枢密使多掌管军事机密，枢密院逐渐演化为最高军事机关。枢密院的设立，一个主要意图是收地方军权，以削弱地方武装割据势力，同时，也存在分宰相之权的意图。宋初帝王企图借此使两府各司其职、互相牵制。这种意图的贯彻实施，是从太祖开始的。太祖以唐末为鉴，喜欢大权独揽，对臣下相互接触非常警惕。有一次,宋太祖听说赵普之子迎娶枢密使李崇矩的女儿,"即令分异之"。表明了太祖企图分民政与军政为二的用意。太宗即位,二府独立行事的倾向更加明显,雍熙三年(986年)征战契丹,"上独与枢密院计议,一日至六召,中书不预闻"。二府的序位本来有高下之分,中书居枢密院之上,但统治者又给予枢密院很大权力,因此造成二府之间权力纷争。二府冲突正是太祖、太宗有意识引导的结果。二府的矛盾冲突,造成极大的"内耗",影响中央权力机构的正常运转,宋代中央机构办事效率低下、官僚拖沓作风盛行与此有关。

明清中央政务重归六部

明朝建国之初,大体沿用元朝设官制度。朱元璋曾说道:"国家立三大府,中书总政事,都督掌军旅,御史掌纠察。"中书省作为最高政务机构,设左右丞相、平章政事、左右丞、参知政事,统领众职。为加强专制集权,洪武十年(1377年)新设通政使司以削弱相权。洪武十三年,废除中书省和丞相,分中书省之政归吏、户、礼、兵、刑、工六部。至此,延续1500多年的丞相制和实行近千年的三省制宣告终结。

废除中书省和丞相,原先归中书省和丞相管辖的六部直属皇帝。从此,六部升格独立,成为皇帝之下最高一级的政务部门。六部尚书历来为正三品,侍郎为正四品,自明朝开始分别升为正二品、正三品,侍郎分左、右。六部尚书为九卿成员,参与大政、大狱的廷议。六部每部新增司务厅,作为各部的办事机构,以司务两人为首领官。六部职掌,与前代各朝大体相同。吏部掌天下文官选授、封勋、考课之政令,甄别人才,以赞天子之治。户部掌天下户口、田赋之政令。礼部掌天下礼仪、祭祀、宴享、贡举之政令。兵部掌天下武卫官军选授、简练之政令。刑部掌天下刑名及徒隶、勾覆、关禁之政令。工部掌天下百工、山泽之政

清吏司之印

第二章 中国古代的中央官制

令。与前代不同的是,六部所属各司出现新的变化。一是名称皆改为清吏司。二是吏、礼、兵、工四部所属,按事务性质各领四清吏司,与前代大致相同;户、刑二部所属,按地区划分,各领浙江、江西、湖广、陕西、广东、山东、福建、河南、山西、四川、广西、贵州、云南十三清吏司。每司设郎中、员外郎、主事,与前代相同。

通政使司作为沟通皇帝与各政务部门的新设机构,"掌受内外章疏敷奏封驳之事",被列为六部、都察院之后的九卿成员,参与大政、大狱及会推文武大臣的廷议。皇帝对这一新设机构的要求是:当执奏者勿忌避,当驳正者勿阿随,当敷陈者勿隐蔽,当引见者勿留难。以通政使为通政使司长官,正三品。下设左右通政、誊黄右通政、左右参议各1人。

唐宋时期的九寺、五监、诸省的设置,在明朝形成新的制度。九寺仅存五寺,即大理寺、太常寺、光禄寺、太仆寺、鸿胪寺。五监、诸省逐渐演变为二监(国子监、钦天监)、二府(宗人府、詹事府)、二院(翰林院、太医院)的格局。其中,大理寺较前代有新的变化。一是被定为九卿成员之一,地位高于其余各寺。二是不再掌审判,而专掌复核。刑部审判定罪的案件,都要将罪犯连同案卷移交大理寺复核。大理寺核准后,再由刑部具奏行刑。如刑部审判不当,大理寺驳回重审。死刑案件,皆须奏请皇帝批准。大理寺以卿1人为长官,少卿2人(分左右)、丞2人(分左右),亦设司务厅。

由于明初建都南京,中央机构设置在南京。永乐迁都北京后,在北京新建中央机构,原在南京的中央机构仍然保留,官名前加"南京"两字。两京机构基本相同,但南京的官员设置和规模都小于北京,户部、刑部不设十三清吏司。其管辖范围,大体限于南京地区。

清朝的中央政务系统,基本上是沿袭着明朝的制度。

六部的设置与职权,较之明朝有所变化的首先是各部尚书设满、汉各1人,一个部门出现两个长官;侍郎设满、汉各2人(分左、右,满、汉各1人)。清朝前期,实权通常都掌握在满官手中。侍郎名义上是尚书的副职,但因与尚书同为堂官,可以直接向皇帝陈奏请旨,常常被选入值军机处。这种多方格局,更加削弱了各部的事权,便于皇帝直接控制。其次是户部属司增改为江南、江西、浙江、湖广、福建、山东、山西、河南、陕西、四川、广东、广西、云南、贵州十四清吏司,刑部属司增改为直隶、奉天、江苏、安徽、江西、福建、浙江、湖广、河南、山东、山西、陕西、四川、广东、广

55

西、云南、贵州十七清吏司。各部司务厅司务，各司郎中、员外郎、主事，皆是满、蒙、汉军、汉分设，还有指定必须由宗室充任。户部十四清吏司、刑部十七清吏司，除各掌其所划分省区相关政务外，还兼管一些全国性的政务。如户部江南清吏司"兼稽江宁、苏州织造支销，江宁、京口驻防俸饷，各省平馀地丁逾限未结者"。刑部四川清吏司"兼理工部、都察院工科、四川道御史、成都将军文移。凡秋审，会九卿、詹事于朝房以定爰书，并收发刑具"。

六部、五寺、二府、二监、二院之外，清朝最具特色的新设机构便是掌管边疆民族事务的理藩院。随着清朝统治地区的扩展，边疆民族事务越来越繁多，理藩院的事权也不断得以扩大。凡内外蒙古、青海、新疆、西藏等地有关军政、司法、宗教、贡赏等事，以及与某些国家的外事交往，均由其办理。设尚书、左右侍郎各1人，均为满人。额外侍郎1人，以蒙古贝勒、贝子充任。领旗籍、王会、柔远、典属、理刑、徕远六清吏司，郎中、员外郎、主事皆用满、蒙官。

晚清时，旧的政治体制日益腐朽没落，六部也被新设的总理各国事务衙门所取代。

寺、监、台、院的演变

寺，起源于九卿，也伴随着九卿地位的升降而发生相应的变化。秦汉时的九卿，到北齐时始称九寺，南梁和北齐时代，又增设太仆寺，并改少府为少府监，由此产生了寺监机构。到唐代，九寺的名称与汉的九卿大体相符，但其职权和地位则发生了极大变化。类似秦汉九卿的职权或交与六部，或已分化成独立机构，而九寺的规模却日益庞大，其官员的总数高于六部数倍，只是其地位略低于六部。从职能看，六部为行政机关，九寺为事务机关。唐代，九寺五监掌管中央政府管辖的具体事务，如国子监是全国最高学府，设

国子监

有祭酒、司业等。设有六学：国子学、太学、四门学、律学、书学、算学。各学均设有博士，有的还设有助教等学官。各学的学生入学，分别有严格的品级限制。

寺监对六部是隶属关系，仰承六部政令，接受其节制督责。六部与九寺五监的对应关系是：吏部节制宗正寺，户部节制司农、太府二寺，礼部节制太常、鸿胪、光禄三寺和国子监，兵部节制太仆、卫尉两寺，刑部节制大理寺，工部节制少府、将作、军器、都水四监。除九寺五监之外，秘书省也是一个事务性机构。

翰林院遗址

御史台，最初源于汉代的兰台，是掌握国家最高监察权的机构之一，司弹劾监察职能。其职能虽历代相沿未改，但自唐代起，御史台除独立于三省六部之外，还对行政系统具有监督权，对百官具有司察权，有独立的监察职能，就其本质而言，属于维护皇权的特别职能机构。以御史大夫（正三品）、中丞（正四品下）为正副长官。"掌以刑法典章纠正百官之罪恶"。其属有三院：台院，有侍御史；殿院，有殿中侍御史；察院，有监察御史。

院，主要指翰林院。中国封建社会中的翰林院始于唐朝。其初，翰林院为内廷供奉、艺能、技术杂居之所，犹秦汉时以技艺受到皇帝知遇充任郎官的人，时名"待诏"。其中有文学之士，另一些则是僧道卜祝等艺能之辈。上述文学之士常随侍皇帝讲论文义，赋诗作文。高宗时，又称北门学士。高宗以来，统治集团内部矛盾尖锐，武则天常用这些文学之士参决奏议表疏，以分宰相之权。玄宗即位后，为方便政务，及时批答臣下表疏，更经常委任这些文学之士参与政事，时名翰林待诏，当时也委任一些朝官为翰林待诏。开元二十六年（738年），始将翰林供奉改称翰林学士，把这类参与政事的供奉与僧道卜祝一类人从名称组织上区别开来，别置翰林学士院。安史之乱后，皇帝加深了对翰林学士的信任和依赖，深谋密诏，学士多参与其间。德宗时，翰林学士陆贽跟随皇帝离京出走，一时文书诏敕，谋猷参决多出其手，号为"内相"。翰林学士的政治地位自中唐以来，逐渐提高，德宗以后的宰相多由

翰林学士选拔而委任之。据统计，德宗至懿宗，任翰林学士者共150余人，其中53人升任宰相。翰林院本是内廷供奉官员，后来逐步发展成为可以直接接受皇帝的命令、参与机要的机构。虽然它不是执权部门，但作为皇帝的近侍辅佐，储备优秀人才的场所，仍受到特别尊崇，被誉为国之"内相"。由于这种特殊的性质，使它在后来的政治舞台上发挥了更大的作用。

中国古代的史官

在我国古代的各种官职中，除了君主，就数史官的资历最老，而太史即史官之长。

史官是从原始社会的巫演变而来的，他最初的基本职责是祭祀占卜。祭祀以敬神，占卜以问神。他们是上帝和君主的中介，是通神的，是神的使者，所以地位很崇高。国家的各种重要事务，几乎都要通过他们来处理。他们的职务很广泛，除祭祀占卜之外，天文历法、记事、保管典籍、审理诉讼、出使、教育贵族子弟、音乐、医疗等，都在他们的职权范围之内，有时还领兵出征。后来的各种官职，差不多都是由史官的职务分化出来的。

第三章

中国古代的地方官制

中国地域辽阔，中央政权要想对如此广阔的版图进行有效的管理和控制，就必须建立、完善旨在加强控制的地方行政体制。而中央政府派往各地的官员更是稳定地方的核心力量。

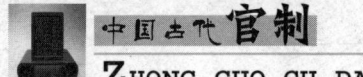

第一节
地方行政制度的沿革

 地方行政区名称的由来

在中国古代地方行政史中，有过国、省、道、路、府、州、郡、县等行政区划名称，从这些区划名称的出现和演变过程，可以看到中国古代地方行政体制不断完善的历程。

国，在夏、商时期，分散的各部族均称为国，故有执玉帛万国之称。西周实行分封制，天子建国，诸侯立家，国家始合称为一，而诸侯也自称为国。从西周至春秋，国一直也作为都城的称呼。西汉分封诸侯王，其封邑都称为国。西汉初期，诸侯王拥有较大的独立性，经过文、景两帝削藩，至汉武帝时，诸侯王的国已经为郡县系列所代替，诸侯王只食其赋而不治其事，治理的事则归中央直接任命的国相负责。西汉以后，历代都有宗室封王制度，除少数朝代的封国有相对的自治权之外，诸侯王均不管理所封国内的事务，由朝廷派遣的官员进行管理，实际上是纳入地方行政序列。

省，本来是官署名，如尚书省、中书省、门下省、秘书省等，这些省最初是设在宫禁之中，因西汉时避外戚王禁之讳，改禁为省，故名。为加强对地方的控制和集中处理某些政务，魏晋时曾经将主管中央政务的尚书台部分官署临时派驻地方，称为行台；隋及唐初的尚书省亦曾设行台于外；元朝忽必烈为了有效地控制全国，把行省变为固定的行政区。行省即行中书省，或简称为省。明初继承元制，地方设行中书省，洪武九年，在未废中央的中书省的情况下，率先废去地方行中书省，改制为承宣布政使司，清代在明制的基础上将全国划为18省。

第三章 中国古代的地方官制

道在汉代是少数民族聚居地区的特别的行政区，相当于县级，"有蛮夷曰道"。唐太宗贞观十年（626年），分天下为关内、河南、河东、河北、山南、陇右、淮南、江南、剑南、岭南等10道，派遣黜陟使或观风俗使分巡。开元二十年（732年），设置10道采访处置使，并成为定制，次年又改10道为15道。乾元元年（758年），唐王朝宣布废除15道，但藩镇割据势力基本上还是以原来道的政区范围划分势力，道则成为地理区划名称，一直沿用到五代。宋代改道为路。从明中叶以后，道基本确定有固定的辖区，向地方行政区转化的趋势已经形成。清乾隆时，道就成为省以下、府州以上的固定行政区，通常辖三四个府州。路，始设于宋。宋初为加强中央集权，仿照唐代的道制，分所统辖领土为21路，为当时地方最高一级行政区。元代的路为省以下的行政区，全盛时共有185个路。明代废除路一级，自此以后，路不再为行政区划名称。

府，《说文》："府，文书藏也。"最初的府是国家收藏财产和文书的地方，唐代始为地方行政区名。当时是为了提高京师和陪都的地位，改其所在地为府。唐以后逐渐有京府和散府（重要地区）之分。宋全盛时有4京府，30普通府；京府属于第一级行政区划，由中央直辖；普通府则为第二级行政区划，其地位高于州、监，隶属于路。元设有33个府，为第三级行政区划，地位高的直接隶属于省，一般隶属于路。明代厘定地方行政区划，把府定为

顺天府

仅次于布政司的第二级行政区划，每府管辖数州或县，是治理地方的重要一级，全盛时共有140府；清代与明制大体相同，全盛时有188府，其京府则为奉天府和顺天府。

州，据说早在颛顼甚至伏羲、黄帝时期便已创建起来。"州"字的本义是"水，可居者"，是指古人择水边高地居住而成的村落，后来扩大为国邑的名称。据《尚书·禹贡》讲，禹在位时划地为冀、兖、青、徐、扬、荆、豫、梁、雍等九州，是按自然区划实行的贡赋制度。而汉武帝所设的十三部（州）是监察区划，仍是受古九州制的影响。东汉时，以司隶、豫、冀、兖、徐、青、荆、扬、益、凉、并、幽、交为十三州，则成为地方行政区划。东汉末年，这些州的刺史（州牧）拥兵自重，相继成为割据一方的势力。为了防止外重内轻，限制地方势力的发展，魏晋南北朝相继采取分州析郡的措施，化大州为小州。唐玄宗开元二十一年（733年），全国分置15道采访使、观察使常驻地方，州渐渐成为第二级行政区划。宋代散府、州、监（有矿产之地）、军（冲要之地）同为第二级行政区划，全盛时有254州、63监。元代全盛时有359州，为第三级行政区划，统属于府。明代的州制稍不同于元代，直统于布政司的州为第二级行政区划，地位相当于府而略低；隶属于府的州为第三级行政区划，地位相当于县而略高。清代与明制大体相同，但有与州地位相同的厅（主要设在少数民族聚居区），直隶厅与直隶州相同，隶属于省，散厅与散州相同，隶属于府。郡，《尔雅·释名》："郡，群也，人所群聚也。"秦统一全国，郡作为地方第一级行政区。自东汉至南北朝，郡为第二级行政区。隋唐曾经一度改州为郡，作为第一级行政区，唐中叶以后，州和郡都成为第二级行政区。元代以后，地方行政区没有郡，但郡通常作为府的别称。县，《尔雅·释名》："县，悬也，县系于郡也。"自秦以后，县一直作为基本行政区划存在。县的大小根据治理人口的多少、赋税的多寡、地区的险要程度、辖地的广狭等来区分，有一定的等差，如唐宋时的县有京、赤、畿、望、紧、上、中、下八等；清代有繁、疲、冲、要等四种类型的县，实际也是县的等级。

历代都有基层行政区，那就是乡里、党族、里甲、保甲、村社、乡镇等基层组织，虽然历代都没有把这些基层行政区归入行政区划的范畴，但这些基层组织有一定的管辖区域，全被纳入地方管理，是州、县行政的基础，所有族长、里甲保甲等虽然都不是列入国家官制的人员，但一般有收缴赋税、

第三章 中国古代的地方官制

征发徭役的责任。如明代的里,在《明史·地理志》中就有统计:北直隶为里3230有奇,南直隶为里1.374万有奇,山东为里6400有奇,山西为里4400有奇,河南为里3880有奇,陕西为里3597,四川为里1150有奇,湖广为里3480有奇,浙江为里10899,江西为里9956有奇,福建为里3797,广东为里4028,广西为里1183,云南和贵州为里失记,南北直隶和十一布政使司共有编里近7万。

郡县制的确立

秦始皇二十六年(公元前221年)统一六国,接着秦王朝北征匈奴,南戍五岭,其疆域"东至海暨朝鲜,西至临洮、羌中,南至北向户,北据河为塞,并阴山至辽东",初步奠定了我国古代辽阔的疆域。秦建国初,在地方行政体制上,有一场争议。丞相王绾建议,在沿袭战国推行郡县制的同时,在一些边陲之地,如六国时的燕、齐、楚等地,"不如置王,毋以填之。请立诸子唯上幸许","群臣皆以为便"。唯廷尉李斯起来反对,他力排众议,申诉西周以来实行分封制带来的弊病,力主推行郡县制。秦始皇最后采纳了李斯的主张,在全国推行郡县制,建立了"海内为郡县,法令由一统"的政治体制。

罢分封置郡县,是建立中央集权制的重要标志。郡县早在春秋战国之时即已相继设置,但多设立在边陲之地,还远不是整个国家的地方行政制度。统一后的秦国全面推行郡县制,是国家地方行政体制上的重要变革。

秦实施以郡县为基础的行政区划,"分天下为三十六郡"。谭其骧先生主编的《中国历史地图集》(第二册)考证秦郡为四十六,即关中五郡(除内史领京畿地区外)——上郡、北地、云中、九原、陇西;山东北部十五郡——河东、太原、上党、河内、邯郸、巨鹿、恒山、广阳、雁门、代郡、上谷、渔阳、右北平、辽西、辽东;山

秦始皇雕塑

东南部十三郡——三川、颍川、南阳、陈郡、砀郡、东郡、济北、临淄、胶东、琅邪、薛郡、泗水、东海；淮汉以南十三郡——汉中、巴郡、蜀郡、黔中、南郡、长沙、衡山、九江、会稽、闽中、南海、桂林、象郡。

秦郡的设立，是按山川、自然地理条件，与军事、政治和经济因素综合考虑的结果。边区的郡，多考虑其军事因素；内地的郡，则大多集中在政治、经济较发达的地区。此外，还考虑到了边陲少数民族地区治边机构的设置。

秦郡置"守、尉、监"三长官。"守"、"尉"是秦的旧制，"监"属新置。郡设太守（亦称郡守），由中央任命，掌一郡政治、经济、军事和司法等事务，为郡最高行政长官，秩二千石；郡尉"掌佐守，典武职甲卒"，主军事；郡监掌郡之监察，直属中央御史大夫，起地方监察作用。郡守、尉、监职掌与中央三公一致，分工明确，是一种新的地方行政体制。

郡府机构主要部门有：门下主簿，下设主记室掾史，掌秘书工作；户曹掾史、田曹掾史，掌民政；仓曹掾史、金曹掾史，掌财政；兵曹掾史、尉曹掾史，主兵政；决曹掾史、贼曹掾史，掌司法治安。

郡下设县。秦县确切数已不可考。县置令、长，掌治其县。《汉书·百官公卿表》载，秦制"万户以上为令，秩千石至六百石，减万户为长，秩五百石至三百石"。其职责，《续百官志》注云："令长皆掌治其民，显善劝义，禁奸罚恶，理讼平贼，恤民时务，秋冬集课，上计于所属郡。"县令的秩六百石至千石；县长的秩三百石至五百石。县令（长）主管县内政务，均由中央任命。其属吏有县丞、县尉，是协助县令（长）掌管县内政务、司法和征召、训练军队，以及负责年终考核的官吏。丞、尉地位相等，其秩二百石至四百石。县令（长）下分设主簿、主记室掾史、录事掾史、田啬夫、门下贼曹等部门，分掌行政、司法、刑狱、农事等。秦在边疆地区设"道"，与县并级。

县以下设乡、亭、里、什、伍等基层政权和基层社会组织。乡设三老、有秩、啬夫、游徼，分掌地方教化、民政、诉讼、治安以及征收赋税等事。按《汉书·百官公卿表》"大率十里一亭，亭有长，十亭一乡"，乡下设亭，每乡辖十亭。但据一些学者考证，秦汉时亭不是乡之下的一级行政机构，而是与乡并级，听命于县尉，以维持地方治安，逐捕盗贼并兼有传烽报警、邮驿、经济管理等多种职能的地方基层组织。乡下有里，设里正，掌管百家。里下百家按什伍组织编制户籍，是地方最基层的行政管理单位。

秦建国后，中央创建了以皇帝为核心的三公九卿制，在地方上推行以乡

里组织为基础的郡县制,这种从中央到地方的严密行政体制,对后世影响极大。"天下之治,始于里胥,终于天子",专制集权的中央行政体制与严密的地方基层组织,似垂直的两端,维系着整个古代社会。

三级制的产生与道、路的设置

随着郡县制的推行,中央政权和地方政权的关系得到比较合理的调整。中央为进一步加强对郡县的监督、控制,又特别增设了专属监察区——州。商、周、秦、汉都有州名,但尚未作为行政区划。汉武帝设十三部(州)为监察区划,他又在每州置刺史一人,为监察官。西汉后期,两度改刺史为牧,东汉初又改牧为刺史,东汉末,重要的州再改为牧,派九卿充任。非九卿所领州的长官,仍称刺史。自此以后,州始由监察区变为行政区。刺史的佐官通称从事史,最重要的是别驾从事和治中从事。从事史之下,有假佐,包括主簿、门亭长、功曹书佐、孝经师、月令师、律令师、簿曹书佐、典郡书佐等。刺史的职责是对地方的行政、军事和司法实行全面监督。作为中央的派

古代陵路

驻官员，这不仅有利于中央与地方的联系，而且在很大程度上也加强了中央政权对地方政权的全面控制。这项制度一直延续到隋初，实行了近700年。实践证明，它既是对郡县制的进一步巩固，又是对中央与地方相互关系的进一步调整与完善。但是，由于南北朝的社会处于大动荡、大分裂时期，各朝政权更迭频繁，地方行政区划混乱，州、郡的数目倍增，日趋冗杂，比例失调。这自然使中央集权受到很大的削弱，不仅给地方的行政管理造成难以应付的局面，还为地方割据提供了条件。

鉴于南北朝时期分裂政治所带来的严重后果，唐王朝在继续巩固郡县制的基础上，将汉代的监察区域——州正式确定为行政机构，而在州之上另设"道"，替代州的监察职能。"道"在汉代是指有大量少数民族聚居的地方，相当于县的区划。唐太宗贞观元年（627年），分天下为10道，派黜陟使或观风俗使分巡。10道依山河形势划分，当时还不是作为一级行政区划。开元二十一年（733年），唐玄宗李隆基改10道为15道，置采访使、观察使常驻，道才逐渐成为当时最大的行政区划。这时道作为监察区域机构成为中央和地方的连接枢纽，同时，又建立了驿传机构作为辅助，至此，形成道、州、郡、县的地方行政体系。

宋朝建立后，将道改名为路，在原"道"规模上稍作调整，初设21路，于至道三年（997年）定制为15路，基本上又回复到唐15道的构置。朝气勃勃的宋神宗，在变法热潮下，为改变"积贫积弱"的局面，发展地方优势以富国强兵，又将15路扩展为23路，但行之未久。金代"建五京、十四总管府，是为十九路"，依然是第一级行政区划。元代的路为省以下的行政区划，有185个路。明代废去路一级，自此不再是地方区划名称。

虽然如此，作为监察区域的唐道宋路，终于实现了体现集权意志的、更为有效的监督职能，正式构成了中央与地方关系中的制约、转达机构。这一次的道、路设立在行政管理方面还产生了另外一种效果，使直接行使行政职能的州县，作为单纯的行政机构固定下来，与中央关系的调整大都通过道、路一级进行。道与路作为监察区，也仅以行使本职为其任，一般不得干预地方行政，其机构的性质到明清都始终未变。由此看出，唐道宋路的建制也是中央与地方政权关系调整中所产生的十分必要的过渡性机构。

第三章 中国古代的地方官制

行省制度的问世与发展

元朝建立以后,地方行政体制中出现的最重大变化是确立起行省制,成为后来分省制的开端。

行省制的缘起,可以追溯到魏晋南北朝时期。三国时的魏国,皇帝出征,以尚书台主要官员随行,组成临时决策机构——行台,在京的常设尚书台称中台或都台。西晋、东晋时,权臣在割据当中先后建立行台以发号施令。北魏初始于邺、中山两地置行台,主持当地军政事务。使之后因战乱,各地陆续设置行台主管军政事务,使之成为常设的地方机构。北齐时,行台正式兼理民政,成为地方最高行政机构。设行台尚书令为长官,以行台尚书仆射(或左、右仆射)为副,下设各部尚书、侍郎等员,大体与中台设置对应。北魏、北齐、南朝梁,还曾设置大行台。隋、唐初都曾设置行台尚书省,主一道军务。尚书令、仆射及各部尚书、侍郎设置,大体对应于最高政务机构的尚书省。军事征战过后,行台尚书省即撤销。

金熙宗时,于汴京置行台尚书省,置左、右丞相,掌管内政,隶属于尚书省,定其官品比中台低一等。海陵王时罢,政令统一归于朝廷。

元朝建立之前,蒙古汗国以札鲁忽赤掌行政、刑狱。随着汗国地域的开拓,在各地先后设置札鲁忽赤掌当地政务。汉人因金朝旧制,习惯上称札鲁忽赤为行省,便有了燕京等处行尚书省的称谓。

忽必烈继承汗位之后,先置秦蜀五路四川行省,又置甘肃行省,再置河南行省。改国号为元以后,陆续设置了湖广、江浙、辽阳等行省。其后,或分置,或新设,累计共设11行省。因中央最高政务机构为中书省,故各行省称行中书省。前面提到,最高政务机构曾两度被尚书省取代,故行省也两度随之改称行尚书省。初置行省,皆以中书省官领其事。行省丞相,皆以

元大都忽必烈雕塑

67

中书省宰执行某处省事系衔，后改为某处行中书省。其余，平章政事、右左丞、参知政事，皆与中书省对应。行省为从一品衙门，地位仅次于中书省，与枢密院等同。当时，京城大都周围为中书省直辖，包括今河北、山东、山西、河南北部及内蒙古中部，称之"腹里"，不设行省。西藏地区由宣政院管辖，不设行省。行省的职掌，《元史·百官志七》写道："掌国庶务，统郡县，镇边鄙，与都省为表里。""凡钱粮、兵甲、屯种、漕运、军国重事，无不领之。"所谓"与都省为表里"，即指与最高政务机构中书省分层掌管全国政务。"军国重事，无不领之"，说的是先前由分设各地的行枢密院掌管军政，成宗罢行枢密院，本省军政由其平章政事兼管，民政、军政在行省合而为一了。这样，在成宗前后，行中书省作为地方常设的最高行政机构，便成为定制。

行中书省以下，设路、府、州、县四级。路按所管民户多少分为上、下两等，地理位置重要的地方亦为上等。路设总管府，以总管为长。府或隶于路，或隶于行省，还有直接隶于中书省者，设知府或府尹为长。府下有的直辖州、县，有的不辖州、县。州按所管民户分上、中、下三等，但江南、江北标准不同。上州以州尹为长，中、下州以知州为长。州或隶于路，或隶于行省。县亦分三等，江南、江北标准不同。县的长官称尹。其隶属关系不一，有的直接隶于路、府，有的则隶于州。值得注意的是，路、府、州、县的长官之上，皆设达鲁花赤1人，以蒙古人或色目人充任，为其最高长官。

明清两朝地方行政体制，大体上是省、府（州）、县三级制，但具体设置又各有所异。

明朝撤销行中书省，改称承宣布政使司（习惯上仍称省）。除南、北两京直隶外，共设十三布政使司，即山东、山西、河南、陕西、四川、江西、湖广、浙江、福建、广东、广西、云南、贵州。各承宣布政使司设左、右布政使1人，左、右参政及左、右参议无定员。办事机构为经历司、照磨所、理问所、司狱司。布政使总掌一省政令，为最高政务长官。与布政使司并列的有提刑按察使司、都指挥使司，分掌一省司法及军事。

布政使司之下，分府、县两级地方机构。府由宋、元的路改置，按纳粮多少分上、中、下三等，以知府、同知为长官，京师所在府长官为府尹。州分两类，一类为直隶州，地位与府相同，隶于布政使司；一类为属州，地位与县相同。设知州掌一州之政，以同知副之。府（州）以下为县，按纳粮多

第三章 中国古代的地方官制

少分三等,以知县为长官,下有县丞、主簿等。

清朝除京畿、直隶外,大体比照明朝布政使司所辖地域设省,为地方最高一级行政单位。总督和巡抚为省一级最高行政长官,总督一般管两省至三省,巡抚总管一省。督、抚同时兼领地方兵权、监察权,一般情况下总督偏重军政,巡抚偏重民政。督、抚之下,设布政使和按察使,分管一省财赋、人事和司法、监察,分别称为"藩司"和"臬司"。布政使的辅佐官驻守一地,称守道;按察使的辅佐官分巡某地,称巡道。守道、巡道合称道员,别称道台。渐渐地,道便成为省与府(州)之间的一级行政机构。不过,诸多具体政务的经办还得由府和州、县付诸实施。

知识链接

镇与戍的出现

两晋南北朝时期,拓跋氏所建立的北魏政权在境内各军事重地设置了军镇。军镇的长官——镇将,不但管军,而且管民,军镇成为一种军政合一的政权机构。后来,内地的军镇都改成了州,唯北部诸镇仍保留下来,重要的有沃野、怀朔、武川等六镇。唐代节度使管辖的区域亦称镇,又称节镇,通称藩镇。节镇亦用作节度使的代称。明代北方设九镇,合称九边。

北魏、北齐在边防地区设戍,有戍主、副戍主统率戍边士兵。戍受镇或州的领导。隋、唐两代亦有戍的设置。

第二节
地方官制的演变

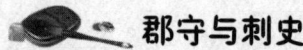

郡守与刺史

秦统一全国之后，推行郡县制，各郡县长官也有了统一的正式名称：郡的长官叫郡守或郡太守。县则有大小县之分，凡万户以上的县，其长官称县令，万户以下的县则称县长。在郡县长官之下，设有郡丞、县丞作为其重要的辅佐，设有郡尉、县尉管理武备、治安。在京师咸阳附近的直属行政区叫内史，其长官也叫内史。

汉代郡的长官初期沿秦制称为郡守，汉景帝更名为太守（汉代官吏等级以俸禄之多少为序，如三公为万石，九卿为中二千石，郡太守为二千石。所以，习惯上称郡太守叫"二千石"，而且流传于后世，在古代文献中经常可以见到）。县和道、邑的长官则根据地位的高下分别称为令或长，其下辅佐之官也与秦代大致一样。例如有名的教育家文翁是景帝时的蜀郡太守；西汉著名的"循吏"龚遂是汉宣帝时的勃海郡太守，黄霸是颍川郡太守；为《战国策》和《吕氏春秋》作注的高诱，在东汉末年任过濮阳县令。但西汉将京师附近的直属区不再称内史，而分为三个部分：京兆尹、左冯翊、右扶风，与郡同级，合称"三辅"。三辅的长官也就叫京兆尹、左冯翊、右扶风。东汉京师在洛阳，洛阳所在的河南郡成为中央直属区（由于东汉皇室以西汉刘家王朝的继承者自居，所以仍承认西汉的三辅为祖先陵庙所在，一直保持了三辅旧称，只是地位大大降低，与一般的郡国相类似了），其长官不叫太守，而叫河南尹。例如东汉末年的党锢名流、"八俊"之一的杜密，就任过河南尹。

汉代地方政区除县之外，还有皇室、贵族的封国，或与郡同级，或与县同

第三章 中国古代的地方官制

级,汉景帝以后,一律由中央派"相"去管理,各位"相"事实上就是地方行政区的行政长官。正如《汉书·百官公卿表》所说:"令相治民如太守。"

刺史部是汉代由监察区演变而成的高级行政区,其长官称为刺史,汉成帝时改称牧,东汉初恢复刺史之称,东汉末年又改称为牧。各州之牧都是集军政大权于一身,以后就发展为东汉末年的军阀割据与混战。《三国演义》开头部分的那一大批军阀混战,基本上是历史写真,如刘备是徐州牧,刘表是荆州牧,刘璋是益州牧,吕布是兖州牧,袁绍是冀州牧,董卓是并州牧。后来刘备占领四川,在正式称帝以前,仍然自称益州牧。不过,在京师所在的直属区,西汉和东汉都不设刺史,而设司隶校尉。所以直属区也称为司隶校尉部,与其他刺史部一样。司隶校尉是外出督郡县,入京纠百官,权力很大。东汉光武帝临朝,特召司隶校尉与尚书令、御史中丞三人可以专席而坐,故官场中称之为"三独坐"。大军阀袁绍曾任过司隶校尉,曹操在"挟天子以令诸侯"时,也让自己担任了司隶校尉。还有,桓帝时反对宦官专权的"党锢"名流,被誉为"天下楷模"的李膺,也任过司隶校尉。

魏晋南北朝时期,同汉代一样基本上仍是州、郡、县三级政区,其长官也仍然是州刺史、郡太守、县令。例如,书法家王凝之任过江州刺史,《后汉书》的作者范晔曾任过宣城郡太守,《齐民要术》的作者贾思勰任过高阳郡太守,著名的山水诗人谢灵运任过永嘉郡太守,大诗人陶渊明任过彭泽县令。

魏晋南北朝时期的地方官制有以下几个较突出的新特点:

1. 所有的县级政区一律称县,不再存在国、道、邑。

2. 中央直属地区长官仍然称尹,如魏、西晋、北魏都洛阳,称河南尹;东晋、南朝都建康,称丹阳尹;北周、隋都长安,称京兆尹,但中央直属区

李膺画像

各州长官称州牧，以别于其他各地的州刺史。

3. 由于这段时期的州愈变愈小，愈变愈多，而且又经常要作战，所以不得不在州以上设置一些更高一级的军政合一的管理机构，一种是由军人做州刺史并加上"使持节都督某某等州诸军事"、"持节监某某州诸军事"、"假节督某州诸军事"等头衔。（这类头衔在当时很常见，其间还有等级的区分。"节"在汉代是帝王权力的一种象征，出征出使，往往有持节之制。《汉书·高帝本纪》汉元年冬十月"封皇帝玺符节"颜师古注："节以毛为之，上下相重，取象竹节，因以为名，将命者持之以为信。"《晋书·职官志》载："前汉遣使始有持节……及晋受禅，'都督诸军'为上，'监诸军'次之，'督诸军'为下；'使持节'为上，'持节'次之，'假节'为下。'使持节'得杀二千石以下；'持节'杀无官位人，若军事得与'使持节'同；'假节'唯军事得杀犯军令者。"）此外还有各种"将军"称号。这些刺史称为"领兵刺史"，往往可以节制诸州，所以一般人均以都督称之，掌握一个地区的军政大权（所以北周和隋称之为"总管"）。可以开设官府，设置僚属，其所辖诸州也就成为一个军区或一个辖诸州的特别行政区（后世的"府"即发端于此）。其他的没有都督、将军称号的无军权的一般州刺史，则称为"单车刺史"，权力较小。例如西晋灭吴的名将羊祜和杜预（也即《春秋经传集解》的作者）就任过假节都督荆州诸军事，东晋"闻鸡起舞"的刘琨任过都督并州诸军事，每日"运甓"的陶侃曾任使持节江、荆两州刺史都督八州诸军事，他们都是晋代著名的"领兵刺史"，握有军权，非一般单车刺史可比。另一种是在有军事行动的需要时，由中央派出官员设立一个尚书台的派出机构节制若干州郡，称为"行台"或"大行台"（这就是后来行台、行省的发端），如北魏大将贺拨岳在镇压葛荣起义时就担任过关中大行台。

唐代的节度使

作为地方行政单位的道，最早出现在秦汉，是设在少数民族聚居地的一种地方制度。唐代的道，最初以地方监察区出现，后演变成地方行政区。

为加强对地方的监察，太宗贞观元年（627年）依山川地形分天下为10道监察区，分别为关内道、河南道、河东道、河北道、山南道、陇右道、淮

第三章 中国古代的地方官制

南道、江南道、剑南道和岭南道。无论是皇帝直接委派至各地的按察使、黜陟使,还是由御史台派出的巡察使,都只是以考校、督察地方官员为主要内容,没有固定治所,是临时派出的官员,事毕即回。道的性质与汉代的州相仿,是地方大监察区。

唐玄宗开元二年(714年),将各道监察官改名为"按察采访处置使"。开元二十一年(733年)为进一步完善地方监察,又分10道为15道,每道置采访处置使,负责对辖区内官员的督察工作。与此同时,采访处置使有了固定治所,始置僚属,并授印办公。从此,采访处置使由分散的临时委派变成固定的常制。更应引起注意的是,中央派出人员或加采访处置使,或加观察处置使、黜陟处置使等名目,常以文官充任,管理地方民政。采访、观察处置使这些官员的出现,也是中央为抑遏都督权力过重而采取的一种措施。各道监察官的职责是监察本道内各州(府)、县的官员有无违法失职行为。如有违法失职官员,即应奏明皇帝,由皇帝决定惩处方法。各道监察官还应于每年八月考察本道内各州(府)政绩等第,分别向皇帝报告。后随着职事的增多,权力的扩大,道内一级官员逐渐由监察官向职事官演进,道逐渐成为州以上一级行政区划。"安史之乱"前后,节度使地位提高,往往兼任采访、观察及度支、营田、经略诸使等职,成为既掌军,又治民、理财的地方行政长官。道作为地方一级区划具有的行政职能,已毋庸置疑了。宋人洪迈说:"唐世于诸道置按察使,后改为采访处置使,治于所部之大郡。既又改为观察,其有戎旅之地,即置节度使。分天下为四十余道,大者十余州,小者二三州,但令访察善恶,举其大纲。然兵甲、财赋、民俗之事,无所不领,谓之都府,权势不胜其重,能生杀人,或专私其所领州,而虐视支郡。"

节度使可追溯到魏晋时的都督制,当时都督大多带节,是掌军、政的地方长官。唐在沿边地区设大都督,其职掌限于军事,若有事出征,则另派大总管统率。高宗永徽以后,征战日益增多,为了防御吐蕃、突厥、契丹等族,加重了都督的职权。都督常带使持节,可全权处置军事,称节度使。睿宗景云二年(711年)以凉州都督贺拔延嗣为河西节度使,是节度使成为固定制度的开始。此时的节度使仍只能统军而不治民,然节度使往往由名臣权相出任,位高权重。加之采访使设置后,节度使常以兼采访使身份出巡地方,成为事实上道一级的长官。更有甚者,有的节度使还身兼数州,如安禄山一人

73

兼平卢（治所营州，今辽东锦西）、范阳（治所幽州，今北京）及河东（太原府）三节度使，同时还兼河北道采访使。也就是说，安禄山一人掌今辽宁、河北、山西三省的军、政、财大权，领兵16.4万人。开元时，唐先后在边地设安西、北庭、河西、朔方、河东、范阳、平卢、陇右、剑南九个节度使及岭南五府（广州）经略使，共有边兵48.6万人。节度使"既有其土地，又有其人民，又有其甲兵，又有其财赋"。节度使后又称方镇、藩镇、节镇，是中唐后中央集权削弱，地方势力发展的表现。唐代地方制度的特点之一是，前期内重外轻，后期内轻外重，形成藩镇割据的局面。其原因是没有处理好中央与地方的权衡关系，标志唐由盛而衰的"安史之乱"，就是在这种背景下爆发的。"安史之乱"虽经平定，但藩镇势力非但没有消弭，反而恶性膨胀。节度使由边镇扩大到内地，发展到四十有余。藩镇擅权的政治形势一直到唐末都未能改变，最终导致了唐的灭亡和五代的割据。

两宋文臣知州

宋太祖对唐朝末年以来节度使因权重而形成的割据之祸深有体会，他认为100个儒臣的贪污所造成的危害，也比不上一个武将造反所造成的危害大。因此，他采纳了谋士的建议，对地方政权机构进行了精心设计，以消除地方的离心倾向。

宋朝的地方行政机构分为路、州（府、军、监）、县三级。路是地方最高行政机构。宋太宗时，将全国划分为15路，宋仁宗时有18路，宋徽宗时有26路。南宋版图大为缩小，故只设了16路。"路"的行政机关是"四司"：经略安抚司、转运司、提点刑狱司和提举常平司，这些机关分别掌管一路的军事、财政、民政、司法、监察等方面的事务。转运司又叫"漕司"，执掌一路的财赋之权，负责征收下属州县的皇粮国税并解送到中央，同时审查各州县的财政收支情况，监督州县官员的行政工作，惩处不法官吏，战争时期则负责调运军需物资。转

宋太祖画像

第三章　中国古代的地方官制

运司长官叫转运使，其他官员还有转运副使、判官等。提点刑狱司，又称"宪司"，主管一路的司法刑狱、社会治安、军用物资的守护以及地方保甲事务，宪司的长官叫提点刑狱公事，资历浅的叫同提点刑狱公事，也有监督地方官吏之权。提举常平司又叫"仓司"，主管常平义仓、赈济灾荒、治理河道等事务，长官叫提举常平使，也有监察权，以上合称"三监司"。经略安抚司又叫"帅司"，宋朝初年只设在边境，以后遍设于内地，长官安抚使，官阶正三品，也有由二品大员出任的，叫作"安抚大使"。帅司下设参谋官、参议官等官员，主要负责一路的军事和行政事务，但是安抚使没有财权，其行政权也不完整，治民权往往被下属州县分解，同时要接受监司的监督。帅司虽然主管军事，但是出任帅司的往往都是文人，不擅长军旅事务，有些还是中央大员临时派去担任此职务的。如尚敏中以参知政事的身份出典永兴军，文彦博、明镐出任河北安抚使，夏竦出任山西经略安抚使。上述四司之间互不统属，都直属中央，彼此相互制约，任何一司都不能左右一个路的局面，四个司合起来才能完整地构成一个政权机关的所有职能。此外，在有些路，根据实际情况和政务处理的需要，还临时设置招讨使、招抚使（少数民族地区）、提举茶马司（少数民族地区的茶马交易）、提举市舶司（商业中心和港口码头）、提举坑冶司（出产矿产的地方）等官。这些职务有的由四司长官兼任，有的由中央派出官员担任，他们与四司长官之间是平行关系，都直属中央。这样，一路的职权被众多机构分割，由众多官员所分任，削弱了地方长官的职权。

　　路的下一级行政单位是州。唐末以来州的长官如节度使、观察使、刺史等官名依然存在，但是都是虚职，如节度使作为贵重头衔授予亲王及少数有资望的大臣。州的具体行政事务另有朝廷派遣的京官带原衔前往视事，称为"权知某州"，简称"知某州事"或者叫"知州"，也就是权且代理某州的兵民事务。如范仲淹曾经以户部郎中的身份知延州，冯京以翰林学士的身份知开封府，苏轼以翰林学士的身份知杭州。由此可见，出任州（府、军、监）政务的官员本是京官，属于临时差遣，数年一换，不能专任一方；同时他们也都是文官，"以文臣知州事"，有效地避免了武将割据称雄之祸，有利于加强中央对地方的控制。

　　在宋朝，与州相同行政级别的政权机关还有府、军和监。一般而言，京师、重要城镇以及皇帝即位之前曾经任过职务的地方，都设立府这个行政单

开封府

位,如开封作为北宋的都城就设为府;江宁府原来称为升州,宋仁宗即位前曾经受封此地,仁宗即位后,改升州为江宁府。"军"一般设在边疆或者内地的战略重要之区,有时下辖数县,有时仅辖一县。"监"设在产盐或铁的矿区,下辖区域大小不等,视矿区大小而定,如宋朝的仙井监产盐,利国监产铁。宋朝版图最大时,共设38个府、254个州、5个军、4个监。至于官员设置方式,也视同一律,由朝官出任知府事、知军事、知监事,如包拯以龙图阁大学士的身份知开封府,吕大放以朝官的身份知永兴军。如果以二品以上大员或者带中书、枢密院使的职衔出任者,称为"判某州(府、军、监)事",如王安石以镇南军节度使、同中书门下平章事的身份判江宁府,也就是以宰相的身份出任地方官。在州一级的机构内,还设有"通判"一职,也以京官出任,大的府、州设两员,小的设一员,主管财政,也有权处理政务,拥有监察权,职位显要,可以随时向皇帝奏报地方官的言行,对州府长官牵制很大。

宋朝州(府、军、监)的属官设置和前代一样,如州有录事参军、司理参军、判官、推官等;府有司录参军、功曹、户曹、兵曹、法曹等属官,这些属官是真正的具体政务处理者。州府属官往往由初中进士的官员担任,以便历练吏治、熟悉政务,如范仲淹中进士后,担任广德军司理参军,欧阳修中进士后,被授予河南府的推官。

宋代的县也分多种,有赤县(京城开封府的属县)、畿县(京城外的郊县)、望县(4000户以上)、紧县(3000户以上)、上县(2000户以上)、中县(1000户以上)、下县(1000户以下)。宋朝最盛时设县1234个。县级长官也是由京官出任,称为"知县事",并且数年一换,更替频繁。

综上所述,宋代的地方官制比较复杂。首先,其地方长官并非正式专任的地方官,而是由在中央任职的朝官出任,按照其在京时的品级高低出任不同职务的地方官,而且地方官属于临时差遣性质,任期短暂。这改变了以往地方官有专职、专员、专门级别、专门官阶的现状,剥夺了以前地方官"专

地、专兵、专利、专杀"的种种事权。其次，所有临时差遣到地方任职的官员都受到严密监督，如州府有通判，路有三监司。再次，所有地方官都由文职官员出任，"以文臣知州事"作为一种制度创新，也为后来的王朝所效仿。最后，地方上不再出现总理全局的最高行政长官，一级政府的事权被众多互不统属的官员所分割，任何一位官员都很难左右一级政府的事务。不过这并不影响地方政务的处理和运转，众多职务合起来就构成了完整的政务处理单位。

宋朝地方官制设计精密，确实使地方官无法专权，但是同时也造成了机构庞大、冗官众多、机构重叠等缺陷，而且由于事权不一，导致了整个权力机构运转不灵、号令不一、行政效率低下的弊端。嘉祐八年（1063年），国家官吏"十倍于国初"，不仅浪费了大量的财政收入，而且造成整个官僚机构臃肿、低效、无能。

行省制度下的官制

元代的省设丞相一人、平章两人、左右丞和参政各两人，为省的主要长官；设郎中、员外郎、都事、掾史、蒙古必阇赤、回回令史、通事、知印、宣使等协助主官分管省衙内各项具体事务；设检校所、照磨所、架阁库、理问所、都镇抚司等机构，管理各项专门事务。因为行省"掌国庶务、统郡县、镇边鄙，与都省为表里"。"凡钱粮、兵甲、屯种、漕运、军国重事，无不领之"，地位非常重要，所以其主要长官丞相都由中央朝廷的大臣兼衔，不轻易实授，实际上主持省务的是平章事，而平章事是两人并列，无分高下，以期防止个人独断专行。

明代洪武九年（1376年），朱元璋宣布废除行省制度，省一级由承宣布政使司、提刑按察使司、都指挥使司等三司（别称藩司、臬司、都司）分管行政、司法监察、军事行政，把一省的事权一分为三，以消除省级官员独揽全省的局面。

布政使司设左右布政使、左右参政、左右参议等主要长官，总管本省行政、民政、钱谷等事；下设经历司（主管司署文书和用印）、照磨所（勘理卷宗）、理问所（理问刑名）、司狱司（主管狱讼）、库、仓、杂造局、军器局、宝泉局、织染局等机构，分管各方面具体事务。

按察使司设按察使、副使、佥事等主要长官,主管本省的刑名按劾之事,并负责本省所辖府县的巡查和监察;下设经历司、照磨所、司狱司等机构,分管各项具体事务。

都指挥使司设都指挥使、都指挥同知、都指挥佥事等主要长官,主管本省军政;下设经历司、断事司、司狱司、仓库、草场等机构,分管各项具体事务。

三司各有分工,但在本身分管的事务中遇到问题,必须会同其他两司共议,不允许独断,而所议定的事务必须上报朝廷核准,有意使他们的权力受到限制和牵制。

一省之内取消统率全省政务的部门和官员,三司鼎立,分别垂直接受朝廷的领导,本意是为了加强中央集权,但也随之出现了无人主管全省性的大事,事务处理缓慢,互相推诿责任,乃至延误事机的问题。特别是遇到紧急军务、突发事变和复杂事件,三司分治就更显得难以及时裁定和迅速采取措施。明永乐(1403~1424年)间,派遣都察院都御史、御史及其他特委官员,到各地总督漕运。为完成任务,这些官员被授权统一指挥"三司"长官。明中叶以后,相继出现"总督某地事务兼理粮饷"、"巡抚某地兼管河道"的官名,简称总督、巡抚。在蓟辽、保定、宣大、陕西等沿边要地,总督、巡抚已经成为固定的职位。明代后期,浙江、福建、四川、湖广、云南、贵州等地也普遍设立总督、巡抚、巡按等官,这些官虽是以监察官或军事长官的身份被临时差遣,但掌有一方面的实际权力,说明地方事务需要有一定的集中处理权,完全撤销省级集中统率的部门和职官,实际上不符合政务的需要。

清代总督府

清代的总督、巡抚是法定的省级封疆大吏。总督辖一省或数省,"掌厘治军民,综制文武,察举官吏,修饬封疆",是地方最高军政长官,例兼兵部尚书、侍郎和都察院右都御史衔。巡抚辖一省,"掌宣布德意,抚安齐民,修明政刑,兴革利弊,考核群吏,会总督以诏废置",例兼都察院右副都御史或加兼兵部侍郎衔。总督和巡抚各有

第三章　中国古代的地方官制

一定数量的直辖军队：总督之下称为督标，设副将、参将等官统领；巡抚之下称为抚标，设参将、游击等官统领。总督和巡抚各设有衙门，但衙门内不设职能机构，仅设书吏、笔帖式若干人，并聘请懂钱谷、刑名业务的幕友来辅助督抚办理一些文案工作。

中央朝廷对督抚们的工作和各种活动控制较严，较大的政务都必须奏报请示，恭候皇帝批示以后才能定案执行。皇帝通过内阁、军机处或直接指挥督抚，具体安排和指示他们的工作，如果督抚有越轨和不遵旨意办事，立即予以法办，乃至撤销职务。这样，即使督抚们被授予一省或数省的军政权力，由于他们没有自己的职能机构，再加上中央的严格控制，仍然不能恃权自重，缺少与朝廷对抗的能力和实力。因此，清代没有出现地方权重而与中央相脱离的现象。

各省还设有布政使司、按察使司、提督军门。布政使司设布政使1人，主管本省的民政和财政；衙门内设经历司、照磨所、理问所、库等职能部门，分管各项具体事务。按察使司设按察使1人，主管司法和监察；衙门内设经历司、照磨所、司狱司等职能机构，分管各项具体事务。提督军门设提督1人（有水师的省加设1人分管），主管一省军政；提督除直辖的提标之外，按军事行政管辖，分别辖有总兵、副将、参将、游击、都司、守备、千总、把总、外委等官。

从品级来看，布政使为从二品、按察使为正三品，低于巡抚（正二品）；提督为从一品，高于巡抚而与总督平级；但从政务上来看，他们都是督抚的下属和职能部门，需要接受督抚的领导；从统辖上看，他们都直接对中央负责，有权直接向皇帝奏报政务，乃至密报督抚的言行。由此可见，督抚虽然是各省军政事务的总负责人，但受到下属官员的监督和牵制，很难形成自己的势力团伙。

中国古代的乡里制度

自实行郡县制以来，虽然县始终是最低一级的地方行政机构，但真正直接管理百姓的是乡、里组织。这一点，与早期的宗法制紧密相连。殷商时期的社会基层组织是宗族，大约与行政区划的邑相当，设族尹进行管理。甲骨文中的"演尹"、"毋（贯）尹"等，尹字之前皆为其族名。西周文献中称这些族尹为"里君"、"里尹"。

西周时期，天子和诸侯领地内，城中和近郊设乡、州、党、族、闾、比

等行政组织，大致是五家为比，五比为间，四间为族，五族为党，五党为州，五州为乡，各有长官。乡是贵族聚居地。郊外划分为遂，遂下有县、鄙、酂、里、邻等组织，亦各有长官。遂是奴隶居住区。

战国时期，县以下置乡、里。乡为若干里的政治、经济中心，设官管理。里为农家自然聚居村落，亦设官管理。秦商鞅变法，令民为什伍，即五家为一伍，两伍称什，各设长主其事。

秦汉县以下以乡、亭为基层组织。十里一亭，亭有长；十亭一乡，乡有三老、有秩、啬夫、游徼。乡的三老、啬夫、游徼，职掌大致与郡的守、尉、监相仿："三老，掌教化；啬夫，职听讼、收赋税；游徼，徼循、禁贼盗。"亭作为地方基层组织，有的学者认为是与乡并列的一级机构，设于市镇交通要道处，当为"十里一亭"。亭长、求盗、亭父的设置，也是与郡的守、尉、监相对应的。乡以下的村民组织是里、什、伍。里有里正（里魁）、父老、里宰、里门监。里之下主持十家的称什典，主五家的称伍老。乡里百姓，皆编制在什伍组织之中，实行什伍连坐。

魏晋南北朝时期，秦汉以来的乡、亭、里、什、伍的制度逐渐被新建立起来的"三长制"所取代。

西晋、南朝大体沿袭秦汉旧制，北魏孝文帝改革，创立邻、里、党三长制，即"五家立一邻长，五邻立一里长，五里立一党长，长取乡人强谨者"。三长的职责，掌乡里人家田地、户口、赋役及地方治安。北齐变通为十家为邻，五邻为间，二间为党。一党之内，设族党、副党各1人，间正2人，邻长10人，领100户。北周改邻长为正长，虽名称各异，但仍沿袭三长制。

隋朝建立之初，继承北朝以来实行的三长制。畿内五家为保，设长；五保为间，四间为族，皆设正。畿外设里正，比间正；党长，比族正。经过"大索貌阅"（进行全国范围的户口体貌核对）后，改以百家为一里，设里长；五里为一乡，设乡正。乡正、里长，主要职责是清查户籍，征收赋税。由于乡里制度逐渐完备，编户迅速增加。唐朝的乡里制度更进了一步，在城区、郊区、乡间采用了不同的建置。两京及州县内，四户为邻，五邻为保，五保为坊。郊区，四户为邻，五邻为保，五保为村。乡间，四户为邻，五邻为保，五保为里，五里为乡。邻、保皆设长。坊、村、里皆设正。乡，设耆老。在里正管辖的百户之中，实行邻保制，"村坊邻里，递相督察"。由于唐朝前期社会安定，加之乡里制度完备并得以正常实施，国家编户数目直线上

第三章 中国古代的地方官制

升，从唐太宗末年到玄宗末年的100多年间，由300万户增至960余万户。

宋朝加强专制集权，不仅收揽各级官员的种种权力，还进一步严密控制城乡百姓的管理机制。

宋初，县以下设乡，置里正主赋役；州、县郭内设坊，置坊正主征税。不久，撤销乡，改设"管"，置户长主纳税，置耆长主防盗、理词讼。规定：以一等户充当里正，二等户充当户长。当时乡村主户分五等（一度为九等），前三等为上户，四、五等为下户（大约属自耕农和部分佃农）。

王安石变法，推行保甲法，确立起直至清朝仍然沿用的保甲制。乡村民户，十家为一保，五十家为一大保，五百家为一都保。选派主户中财产最多、势力最大者充任保长、大保长、都保正。保内轮差巡夜防盗，同保有人犯案，知情不举，连坐治罪。州、县郭内，撤销坊正，改以税户三十家为一甲。甲设甲头，轮换充任，负责催税。南宋乡村一般实行乡、都、保、甲制，以都、副保正主原先耆长之责，大保长主原先户长之责。每都之下设保，每保之下设甲，五家为一甲，甲头主催税。有些地区，则实行乡、里、耆、都制，设保正长和耆长。还有以乡为团者，设团首（或团长）。

元朝的基层行政组织，在乡村分设乡和都，乡置里正，都置主首，里正催办钱粮，主首供应杂事。每乡所辖，里、村、坊、保，皆随其俗，名称并不划一。城关则设隅和坊，皆置正主治安。入主中原和灭宋之后，县以下普遍建立村社、里甲制度。五十家为一社，以汉族乡耆为社长，掌劝农及民事，以蒙古提点官监临。社作为基层行政系统，是置于乡、都之下的。城关亦立社，隶隅、坊之下，社长的主要职责在于维持治安。二十家为一甲，设甲主，以蒙古或色目人充任，由所在居民供给衣食。

明朝的基层建置，完全是为确保对户口、赋役的管理和控制。明初令各地编制"黄册"（户口册），详细登记丁口及产业，作为管理人丁和征收赋役的依

王安石雕像

据。每年审定一次，每十年编制一次。于是，推行里甲制。县以下编民为里，里下设甲。每一百户为一里，以丁粮最多的十户户主为里长；其余一百户分为十甲，每甲十户，依丁粮多少轮流为甲首。一个里长、十个甲首，管一里民政、赋役，十年一轮，对应于十年一编"黄册"。城镇都市，城内分坊，设坊长；城关为厢，设厢长。坊长、厢长由官府指派，掌地方治安，追征钱粮。

随着赋役制度的新变化，到了清雍正年间全面推行"摊丁入地"以后，里甲编户完全失去意义，里甲制逐渐转而为保甲制。清初，以十户为甲，十甲为保。后来在甲之下增加了牌，形成牌、甲、保三级，即十户为牌，十牌为甲，十甲为保。牌设牌头，甲设甲长（甲头），保设保长。保甲组织，主旨在于治安保警。若有隐匿，罪连十家。同时，户口迁徙登记成为保甲长的一项职责。乾隆以后，保甲组织的职能不断扩大，成为州县衙门赖以治理基层得心应手的工具。

  知识链接

元代的站赤

为了加强中央对各地区的统治，元朝在中央与各行省之间的联系，主要依靠四面网罗密布的站赤（驿传的译名）通达边情，布宣号令，即自古以来所称的"置邮传命"。"站赤"意为站务管理者，"赤"是蒙语词尾，加在某一名词后面，即指从事该项工作的人。元代习惯上常用"站赤"来泛指站的管理制度。元代官修政书《经世大典》中，专列有"站赤"一门，详记站制建立过程，并指出"站赤者，国朝驿传之名也"。《元史·兵志》亦列有"站赤"门。

站赤有陆站与水站之分，陆站以马、牛、驴、车为传递工具，辽东还有狗站。水站以舟为传递工具。传递号令有等级之分，比如，驿传墨书谓之铺马圣旨；遇有军务急事，要以金字圆符为信，银字者次之。各地站赤职官主要为驿令、提领等，又置脱脱禾孙于关会之地，以司辨诘稽察。站赤有较为严密的制度。

第四章

中国古代的其他官制

随着历朝历代的演变,监察与军事机构日益发展,两者的官制体系也在不断完善。而中国区域内民族众多,历代帝王在管理少数民族的过程中,不得不考虑这种差异性,随之也就产生了一些专为少数民族而设置的官制。

第一节
监察与军事官制

中央监察官的变迁

中国是最早建立监察制度,并将其置于国家主要典制地位的国家之一。以御史所执掌的纠举弹劾,以巡按考察为核心的监察制度,可以溯源于西周,但构成"宰牧相累,监察相司,人怀异心,上下殊物"的监察体系,是从秦代才开始初具规模的。随着国家政务的日益纷繁和中央集权制度的不断完善,监察体制也相应扩大。为强化官僚机器的自身制衡关系,形成了以监察军、政、法等方面为主,旁及国家其他事务,有明确分工和权责规定,从中央到地方,单线垂直的和层层监督的监察体系。

监察机构在古代国家体制中,处于制衡的地位。秦汉在中央设御史大夫,掌管监察并担任副丞相,被授予"典正法度,以职相参,总领百官,上下相监临"的重任。

御史大夫任副丞相兼高级监察人,与丞相分别开府施政,洞悉丞相一切措置及用人行事,其监察当然能够抓住要害,曾经对当时国家政务起到重要作用。御史大夫的主要职责既包括掌管法令规章、保管诏敕图籍秘书,又包括对官吏的功绩考课,所以其属官分成两个部分:一是以御史丞为首,统领御史30人及一些掾、史、属等,在御史府中协助御史大夫办理政务;二是以御史中丞为首,在殿中兰台掌图籍秘书,外督部刺史,内领侍御史员15人,受公卿奏事,举劾案章,分管皇帝直接交办的监察工作,因办公地点设在宫中,故称为中丞。

西汉末年改御史大夫为司空,东汉因之,监察之责也就落在御史中丞的

第四章 中国古代的其他官制

身上,这时的御史中丞隶属于少府,但已经发展成为相对独立的监察机构,称为"御史台",号曰"宪台"。《中华古今注》卷上:"城门皆筑土为之,累之为台。"《说文》则解释为:"观四方而高者。"皇宫内累土筑台,象征天子地位高大;在台上建殿阁,则称为"台阁",官署设在这里则以"台"为称。《初学记》卷一二《职官部》引谢灵运《晋书》云:"汉官,尚书为中台,御史为宪台,谒者为外台,是为三台",实际上还有符节台、兰台等,都设在宫中。少府是天子之小府,主管宫中事务,所以汉代诸台多隶属于少府。实际上少府不管其具体事务,而这些台都直接对君主负责。

魏晋时,御史台脱离隶属的地位,成为完全独立的部门,设在宫中,直接由皇帝控制。南北朝基本上相同。在北魏时,御史台迁出宫中,号为"外台";宫中有殿中侍御史,号为"内台"。

御史台独立以后,原来御史中丞所统率的属官地位和权力也提高了,并根据所监察的主要事务而一分为三:治(持)书侍御史"掌以法律当其是非",主管监察司法;殿中侍御史"居殿内察非法",主管监察殿堂朝见威仪;侍御史"掌察举非法,受公卿群吏奏事,有违失举劾之",主管纠劾官吏失职滥权及其他违法事件,责任最重。为履行职责,需要分曹治事。汉代有五曹:令曹掌律令,印曹掌刻印,供曹掌斋祠,尉马曹掌厩马,乘曹掌护驾。随着御史监察权力的日益扩大,分工也日见细密,至两晋时,已经有吏、课第、直事、印、中都督、外都督、媒、符节、水、中垒、营军、算、法等13曹。御史中丞三方面的属官既各有独立的监察范围,又相互配合,反映出当时监察职权的提高和权力范围的扩大。

隋代在御史台内增加监察御史的员额,使之主管地方监察事务,逐渐导致御史台内部结构的变化。至唐代,御史台设御史大夫、御史中丞为正副长官,"掌持邦国刑宪典章,以肃正朝廷"。台下分设台、殿、察三院。台院设侍御史若干员,官位虽然只是从六品,但是权位显赫,因他们的主要职责是纠举百官,参与审判,弹劾官员也不必经御史台长官同意,有权直接向皇帝参奏。殿院设殿中侍御史若干员,从七品,主要职责是纠察朝会时百官仪态行止、言行队列,以维护朝仪的秩序和尊严,并且负责推按狱讼、监察和巡视京城仓库及驻屯京师的诸卫和禁军。察院设监察御史若干员,正八品,主管巡按州县,监察百官和在京的所有中央机关的工作和簿案。三院分工具体而明确,组成一个严密的监察系统。隋唐的监察制度基本上为宋所承袭,并在很大程度上影响着辽、金之制。

　　元代提高了御史台的职权,使之与中书省、枢密院处于平行的地位,其长官御史大夫骤升为从一品,而且例为皇太子和贵戚兼任,不轻易授人。元代在中央设御史内台,设有御史大夫、中丞、侍御史、治书侍御史等员,"掌纠察百官善恶、政治得失",并设经历、都事、照磨等官吏分管具体文案工作。内台下辖殿中司,主管纠举弹劾;察院,司耳目之寄、任刺举之事;还附设监狱,可以羁押被弹劾的人犯。在外省设有江南、陕西二行御史台,设官及品秩一同内台。内外三台分辖22道肃政廉访司,构成庞大的监察网络。元代的监察官自成系统,有直接任免选用监察官吏之权,这在古代是特殊的制度。

　　明代改御史台为都察院,监察官的地位又进一步提高。都察院负责纠劾百官,整肃纲纪,"为天子耳目风纪之司"。设左右都御史、副都御史、佥都御史等主要长官,直辖经历、照磨、司狱三司,并按地方行政区划分为十三道,设监察御史若干人,分管全国各方面监察工作。明代承宋代御史分察六案(吏、户、礼、兵、刑、工)制度,设六科给事中,按六部的业务进行对口监察,"凡制敕宣行,大事覆奏,小事署而颁之;有失,封还执奏。凡内外所上章疏下,分类抄出,参署付部,驳正其违误"。于是,六部的一应具体工作,均应受六科的审查检核,形成制度化,这样既达到对中央主要行政部门监督控制的效果,又调节国家机器的运转,并且使工作更加严谨和制度化,减少工作中的失误。六科给事中可奉敕审理或兼理一定事务、充任使臣、参加重大刑狱案件的审问,也有单独上奏言事,监督纠劾百官的权力。六科给事中官品较低(正六品),但可以弹劾上至大学士、大将军,甚至亲王、郡王,下至州县官,这是古代国家以内驭外,以轻制重,以贱察贵的策略在监察体系中的妙用。

　　明代的六科是独立的机构,被称为"风宪之司",给事中身兼"言官"和"谏官"之职,可以风闻奏事,而不一定负核实的责任,所以当时的六部官员"无敢抗科参而自行者"。清代则将六科并入都

都察院

第四章 中国古代的其他官制

察院,作用明显降低。

清代的都察院设官和职权基本同明制一样,只是院中的主要官员均以"左"职为任,其"右"职则为地方督抚藩臬的兼衔。此外,清代都察院不再设司狱司,将羁押人犯之权统归于刑部。

明代的特务:厂卫

厂卫即东、西厂和内行厂及锦衣卫,是明代监察制度走向极端而设立的负责侦缉和刑狱的专门机构。

东厂是明代最大的一个负责侦缉的专门机构。永乐十八年(1420年)朱棣时设,直至朱由检(崇祯)亡国时止,前后有220多年。也许由于它设在当时东安门北,故叫"东厂"。东厂设置时期一切侦察、诬陷、屠杀等直接或间接从这里发动、执行,即所谓"缉访谋逆妖言大奸恶等,与锦衣卫均权势"。

东厂直接受皇帝指挥,除皇帝以外,任何人都在它的侦缉之中。事关机密,责任重大,所以皇帝也特别重视,派去主持的宦官都是心腹亲信。他们送出的盖有钦赐"密封"象牙印章的奏章、密札,不必经过任何手续,可直达皇帝,这种权力,无论哪个衙门都比不上。

主持这个"特务"机构的是司礼监秉笔太监,他的官衔是"钦差总督东厂官校办事太监",简称"提督东厂",厂内的人称之为"督主"或"厂公"。其属下设掌刑千户1员,理刑百户1员,二者或称"贴刑"。东厂侦察访缉的范围很广,上至官府,下至民间,乃至京城内雷电击物、粮、油、豆、面等价格都是他们侦缉、奏闻的内容。万历年间,冯保以司礼太监兼东厂事,又在北街东混同司之南设立了一个内厂,而以东厂为外厂。

西厂设过两次,同样是为了加强对官吏和百姓的侦察。一次在宪宗成化十三年(1477年)设立,由宦官汪直掌管。他提督厂事以后,所侦察的范围不限于京师,各地王府边镇,省府州县,都在其侦察范围之内,侦察范围之广、之密,超过东厂,后遭到反对,被迫撤销。另一次是武宗正德七年(1512年)设立,时间不长,约五年后废置。

内行厂在武宗正德元年(1506年)设,由太监刘瑾掌管。这是一个专门用来监视、侦察厂卫太监的机构。独裁政治发展到极端时,统治者会对自己的心腹产生怀疑，于是要起用一批人去监视另一批已有实权的心腹。内行厂就是在这一背景下设立，它的侦缉比东、西厂更为酷烈。内行厂于正德五年（1510年）刘瑾被诛时废置，设置时间仅四年。

明代的东、西厂荼毒天下。成化年间，"西厂旗校以捕妖言图官赏，倾害善类，冤死相属，朝廷莫敢言"。天启时，魏忠贤亲自掌管东厂，"天下之刑狱，先东厂而法司"，"专以酷虐钳中外，而厂卫之毒极也"。明代朝廷中各衙门都有东厂番子监视，每月分配一次访缉任务，"每月旦（初一），厂役数百人擎签庭中，分瞰官府。其视中府诸处会审大狱，北镇抚司考讯重犯者曰听记。他官府及各城门访缉曰坐记。某官行某事，某城门得某奸，胥吏疏白坐记者，上之厂，曰打来事件"。各处役长（挡头）打听来事件以后，先送去厂公心腹内官审阅，而后发司房删润，再送给皇帝。遇有重要事件，虽在深夜，东华门关了，也可从门缝里塞进，里面的人接到密奏后，立即上告皇帝。因此外面之事无论大小，皇帝都可随时知道；前一晚发生的事，第二天他即已掌握，已到无孔不入的地步。

东厂的势力还渗入司法部门，三法司会审大案时，必须有东厂番子监审，如监审不到场，就不能开审。东厂番子到处访缉、窃听，无论何人，只要流露出对朝廷、皇帝的不满情绪，就会横祸加身，惨遭杀害。明代兵制，自京师以至各郡县，都设立卫所制，外统之都司，内则统于五军都督府。此外还有所谓"上十二卫"（后又增为二十六卫），是内廷亲军，皇帝的私人卫队，直接受皇帝指挥，不隶属于都督府。

锦衣卫就是"上十二卫"中的一卫。它的前身是洪武元年（1368年）所设的拱卫司，次年改为亲军都尉府，洪武十五年改为锦衣卫，是皇帝的贴身卫队。其设置比东西厂早，并逐渐掌管刑狱，侦察所谓"不轨妖言"，并可不经外廷司法机关和任何法律手续，逮捕拷问官民等。

由于锦衣卫负有保卫皇帝的特殊使命，直接接受皇帝的命令，行使特殊的权力。在保卫"皇上"安全的指令下，他们便时时四出，或秘密调查，或滥捕无辜。《明史·职官志五》载，他们的职权是"盗贼奸宄，街涂沟洫，密缉而时省之"。由于锦衣卫直接由皇帝掌管，可直接逮捕任何人，而不必经过外廷的司法程序，还可直接审问，这就是锦衣狱或诏狱。锦衣卫成为明代一个特殊的监察、侦讯机构，与东、西厂遥为呼应，并称"厂卫"。

与"上十二卫"一样，锦衣卫的长官也是指挥使。只是由于锦衣卫位置

特别重要，它的指挥使必须是皇帝的亲信心腹，所以常"恒以勋戚都督领之"，地位高于其他卫。它的下属领有十七个所，分置校官，其官属有千百户、总旗、小旗等，其中专司侦察的称为"缇骑"。

锦衣卫所属除十七所外，还有南、北镇抚司。南镇抚司掌管本卫刑名，兼理军匠。北镇抚司专理诏狱，权势极大。起初大狱经其问讯后，便送法司拟罪。到成化元年（1465年）增铸北司印信，一切刑狱不必再经本卫，可直接送至皇帝处裁决，卫使不得干预，三法司更无权过问。所以镇抚司职位虽卑，权力却特别大。这是统治者特意的制衡措施，当卫权日重时，特给予北司以特权，使其与卫互相牵制，分权制衡，便于统治者从中控制。

厂由宦官主持，卫则由武将掌管，厂卫虽系统不同，但他们之间的关系极为密切。东厂的不少骨干便是从锦衣卫选拔来的。虽然，它们的任务都是侦察吏民，受皇帝直接指挥、调遣，但相互之间也有利益不均的冲突和权力的争锋。厂、卫权势的消长决定于皇帝的态度。如果皇帝倾向于厂，则厂权重于卫权，反之则卫权凌驾于厂权之上。明中叶以后，宦官专权，而司礼太监又提督东厂，所以一般来说，东、西厂权势高于锦衣卫，而锦衣卫使也大多为司礼监太监的亲信，如王振在英宗时为司礼太监，锦衣卫指挥使马顺即其私党。司礼监太监一方面出任东厂提督，同时又派心腹为锦衣卫使，把两个组织都控制在自己的手里，形成厂卫合流的局面。

中国古代的"尉"

宋徽宗时，改以三师（太师、太傅、太保）为三公，不置司徒、司空，而定太尉为武阶之首。高俅官至殿前都指挥使（禁军将领），武阶即为太尉。辽代北面官有遥辇太尉、国舅太尉等。元代以后废置。

中尉一官，战国时已有设置，赵国以之掌选任官吏，秦国为京师卫戍之官。秦国又有主爵中尉，掌列侯。汉景帝改主爵中尉为都尉，武帝时又改名为右扶风，为京师长官之一。武帝还改中尉为执金吾。诸侯王国以中尉掌武事，相沿不改，职如郡都尉。晋代的王国以郎中令、中尉、大农为三卿。南朝梁代的王国有中尉和执事中尉。北魏曾改御史中丞为御史中尉。唐代后期，用宦官任护军中尉，统率神策军（禁军），如仇士良担任过左神策军中尉。元代的内史府（王府）置中尉。

太尉府

都尉，是管理一郡或军队一部的武官。战国时期，秦、赵等国已有设置。《战国策·赵三》："秦、赵战于长平，赵不胜，亡一都尉。"秦又置关都尉。汉代以都尉命名的官更多。除郡置都尉掌军事外，又有农都尉（掌边郡的农业生产及屯田殖谷事）、属国都尉、三辅都尉。东汉建武六年，省诸郡都尉，并其职于太守。后又往往置东部、西部都尉。在中央部门，也设置一些都尉，如水衡都尉、搜粟都尉、护军都尉、骑都尉、奉车都尉、附马都尉、协律都尉等。汉末，曹操置屯田都尉，孙吴太子官有左辅、右弼、辅正、翼正、辅义等都尉。此外，三国时期还有建忠、扬武等都尉，均为领兵之官。太仆所属有典虞都尉、牧官都尉。唐宋时期的勋官有轻车都尉、骑都尉。清代武阶官三、四品为武义都尉，武翼都尉、昭武都尉、宣武都尉。

校尉的设置，始于秦朝。校为营垒之称，秦、汉以军队的一部为一校。秦在将军之下，有校、部、曲、官、队等建置，校800人，置尉。汉代大将军营五部，部置校尉1人。汉武帝于京师置中垒、屯骑、步兵、越骑、长水、胡骑、射声、虎贲八校尉，分别统领常驻的卫兵，由中尉总领。又有城门校尉、司隶校尉（掌监察京师百官及所辖附近各郡）、戊己校尉（掌管西域屯田事务）等。东汉时，在少数民族地区设护乌桓校尉，护羌校尉。灵帝时，有西园八校尉之设，即上军、中军、下军、典军、助军、右、左、佐军。八校尉中，曹操曾做过典军校尉，袁绍曾做过中军校尉。

魏晋以后，司隶校尉所辖区域改为州，称"司州"。晋改协律都尉为协律校尉。南朝宋置太子屯骑校尉、太子步兵校尉、太子翊军校尉。梁于巴陵郡置度支校尉。唐折冲府辖四至六团，每团设校尉一人。唐又以校尉为六品以下武散官阶号，如昭武校尉、振威校尉、致果校尉等。以后历代相沿。清代八品以下称校尉。明清两代还俗称卫士为校尉。

县尉，始置于秦，汉沿置，掌管一县的军事，大县二人，小县一人。边县有障塞尉。晋京师所在的县置六部尉。北齐京师附近的县，除置二至三部尉外，还设置行经途尉。唐高祖武德元年，改书佐为县尉，分掌诸曹，多为进士出身

第四章 中国古代的其他官制

曹操雕像

者的初任之官，如陆贽进士及第后，授华州郑县尉，裴度进士及第并中制举，授河阴县尉。时人尊称县尉为少府。王勃诗《送杜少府之任蜀川》，这里的少府即指县尉。宋沿唐制，县尉在主簿之下，如不置主簿，则由县尉兼任，多由文臣担任，沿边诸县间或以武臣任职。金时以主簿与县尉通领巡捕事，小县不置尉，以主簿兼之。元代，县置簿、尉，民少事简之地，则以簿兼尉，又另置典史（掌缉捕）。明代不置县尉，以主簿掌巡捕之事，典史掌文书出纳。如不设主簿，则由典史兼职。清代以典史掌监狱事务，如无县丞、主簿，亦由其兼任。因为典史兼掌缉捕、监狱之事，所以也称典史为县尉。

中国古代将军的称号

一提到将军，就会令人联想到古代戴盔披甲、跃马横枪、指挥军旅、血战沙场的军队指挥者的形象；一提到元帅，更会令人联想到古代令坛高坐、前呼后拥、令行如山、战将如云的最高指挥官的形象。不错，我国古代的武职官员中常见将军之名，我国元代也确有指挥千军万马的元帅。但是，我国古代的将军并不完全都是武将，元帅也并不都是最高军事统帅，必须具体分析，不可一概而论。

我国古代最早的军队编制是师和旅，甲骨文中已有"王作三师：右、中、左"以及"右旅"、"左旅"的记载，其指挥官可能叫"戍"或"马"。西周金文中有"西六师"、"殷八师"和"成周八师"的记载，其指挥员是"司马"，此时并无将军之名。

将军之称，据目前所能见到的材料，出现于春秋时期。最初的"将军"二字本是一个动宾结构，即指挥军队，如"荀林父将中军"、"士会将上军"、"赵朔将下军"（《左传·宣公十二年》），指挥员本身的身份仍是"卿"、"大夫"。但是，"将"或"将军"很快就成了军事指挥官之称，而且"军必有将"（《吕氏春秋·执一》）。宋代的洪迈在《容斋随笔》卷七有《将军官称》一条："按《国语》，郑文公以詹伯为将军，又，吴夫差十旌一将军。"《左传》："岂将军食之而有不足。"《檀弓》："卫将军。"《文子》："鲁使慎子为将军。"然则其名久矣。吴国的孙武、越国的范蠡就是春秋时期的名将军。在战国时期，不少国家的"将"是与"相"并列的高官，是一国的武职之长。《将相和》中的廉颇是赵国的将，吴起当过魏国的将，田忌当过齐国的将，乐毅当过燕国的将，这些都是战国时期的名将。虽然这时有的国家并非如此，如秦国的最高武职是"大良造"和"国尉"，著名的战将白起就当过秦昭王的国尉，再升大良造。秦国的将军一职设立始于秦昭王时，任命魏冉为将军，其职责只是警卫京城咸阳。秦始皇统一全国之后，最高的武职仍不叫将军，而是太尉。汉代也称太尉（汉武帝以后的西汉时期，改称为大司马）。但由于将军之称已广泛使用，故而秦汉以后一直沿用，直到现代。

汉代有各种各样的将军，而总领军事者则称大将军（大将军之称始见于战国，但使用并不广），如西汉的韩信、窦婴、卫青、霍光及东汉的梁冀等都担任过大将军。大将军之下，常置的领兵将军有骠骑将军、车骑将军、卫将军和前、后、左、右将军。如霍去病任过骠骑将军，窦宪、王音任过车骑将军，宋昌、张安世任过卫将军。水军司令则一直称为楼船将军。在每次作战时，还临时封赐一些将军，如出征匈奴者为

卫青墓

第四章　中国古代的其他官制

征西将军，出征东北者为度辽将军，出征交趾者为伏波将军等。据《西汉会要》所列，这些统称为"列将军"的各种将军称号有将近40个，一般称为"杂号将军"。名将马援曾任伏波将军，故而马伏波之名至今犹存。

在汉代，领兵的将军权力颇重，常常干预政务，而称大将军者更是大权在握。如西汉的霍光、王凤，东汉的窦武、梁冀等都以大将军（或加大司马）的身份长期独揽朝政（只有在东汉初年的战事中，刘秀曾封了好几位大将军，如耿弇为建威大将军、姚期为虎牙大将军等，这些"大将军"只是一方主将，并非最高长官，当然也不把持朝政）。由于汉代将军往往兼理政务，所以魏晋南北朝时仍然常以"都督某州军事兼某州刺史"的名义为地方长官，称为"领兵刺史"，而且往往有将军的加衔。而不兼军职的刺史则被称为"单车刺史"，权力甚轻，乃至无力执政。这种情况当然是与当时战乱不休的环境是分不开的。

魏晋南北朝时期，武官制度比较混乱，称将军者愈来愈多，"梁武帝以将军之名高下舛杂，命更加厘定。于是有司奏置一百二十五号将军"。其中，又以前列的三十六种名号为"重号将军"，其余的一般就称为"小号将军"、"杂号将军"，不被世人所重。到北魏时，更是"将军之名多矣"，"柱国大将军"就有八名，其下还有十二名"大将军"，"成是散秩无复统御"（《通典》卷二八《职官十》）。这样多的"将军"大多数根本不领兵，而只是作为表示勋宠的加官，隋唐时就成为武阶官的称号。

隋唐时期，我国的军事制度实行自西魏、北周以来的府兵制，即在全国设立若干"府"（隋代称鹰扬府、唐代称折冲府），用以统率军队。军人有专门的户籍，农忙务农，农闲操练，分批轮番戍边或宿卫京师，其编制是府、团、旅、队、火，各府首长（隋代称鹰扬郎将、唐代称折冲都尉）只管训练和轮番值卫。战事发生时，则由皇帝另行委派元帅、大将领兵出征。战事结束，则"兵散于府，将归于朝"。而统领全国府兵的则是中央的十六卫，又称"南衙十六卫"。十六卫每卫都有大将军和将军的设置，著名的秦琼、侯君集、程咬金等都担任过十六卫的大将军。十六卫主要是管辖关中地区的府兵，即中央军，但事实上作战时领兵出征的将领往往都在这些将军中挑选。例如领军大败突厥的大将苏定方，曾任十六卫之一的左骁卫大将军；出征高丽的薛仁贵，就曾任十六卫之一的右威卫大将军。从隋唐开始，中央政府的六部之中都有兵部，但多数时候兵部只能负责军事行政管理，并不具体指挥军队，在唐初和唐代中叶，武将一般均不问政务。到中叶以后，府兵制度废弛，又

行募兵制，各地的节度使纷纷募兵自雄，逐步形成晚唐的藩镇割据局面，军政合一，节度使也就很自然地成为地方上的"土皇帝"了。

赵匡胤陈桥兵变，建立宋朝以后，鉴于唐末、五代以来地方割据势力拥兵自重的教训，实行了一套"兵将分离"的办法。军队经常调动换防，指挥官仍留原地不动，造成"兵无常帅，帅无常师"、"兵不识将，将无专兵"的奇特局面。宋初的统兵大将石守信等被"杯酒释兵权"之后，军队指挥权集中在皇帝手中。中央的指挥机关为"枢密院"，其长官称枢密使或称知枢密院事，其副长官称枢密副使或称同知枢密院事。名义上地位很高，与宰相"对持文武二柄，号为二府"（《宋史·职官志》）。可是一般都由文官担任，不由武将担任，"有发兵之权，而无握兵之重"，平时完全不掌握军队。宋代也有一些"上将军"、"大将军"，只是沿用唐代十六卫上将军、大将军的旧名，完全是安置宗室及闲散武臣的名义职称，被叫为"环卫官"，并不统兵。宋代真正统兵的是所谓"三衙"，即天子禁军的首领殿前都指挥使司、侍卫亲军马军都指挥使司、侍卫亲军步军都指挥使司。就是说，天下强兵锐卒都由禁军节制。每逢作战时，才从大将中选派将帅，担任出征或守土之责，其职务有"都督诸路军马"、"宣抚使"、"制置使"、"经略使"等，并设置一些临时称号。了解这一情况后才会明白，为什么在反映宋代战争的若干记载中，很难找到一个称为将军的指挥官。著名的杨业，其职务是"代州知州兼三交驻泊兵马部署"，而指挥杨业以致失误的潘美是"宣徽南院使"；韩琦、范仲淹与西夏作战时，担任的是"陕西安抚使"和"陕西经略副使"；抗金名将李纲守开封时，任"亲征行营使"；宗泽守开封时，任"东京留守"；张浚经营川陕军务，是"宣抚处置使"；岳飞被尊称为帅、为大将军时，任职是"权荆湖东路安抚都总管"；韩世忠所任职务，是"京东淮东路宣抚制置使"；钓鱼城抗蒙的余玠，是"四川安抚制置使"。这些指挥千军万马的名将，都未有过正式的将军称号。

明代的军事指挥权是在皇帝之下分成了两部分：统兵之权在前、后、左、中、右五军都督府，每个都督府都设左、右都督与都督同知；而调兵之权在兵部。两者相互牵制，是所谓"兵部有出兵之令而无统兵之权，五军有统兵之权而无出兵之令……合之则呼吸相通，分之则犬牙相制"（孙承泽《春明梦余录》）。各省（明代叫"布政使司"）设都指挥使司，掌握本省的军队。都指挥使之上的总督、巡抚都是有军权的。不过，明代的总督、巡抚和都指挥使平时并不率军作战，真正在战场上作战的军队指挥官是各地军队的总兵、副总兵、参将等。每逢战事，

大多由总兵佩将印出征,如抗倭名将戚继光是总兵,俞大猷也是总兵。这些战将在出征时或在战斗中有时被授予将军称呼,则是一种荣誉性职衔,如明末的名将左良玉,本身官衔是总兵,但被封为"平贼将军"。当然,明末农民大起义爆发之后,各地的总督、巡抚就不得不走上战场,率军作战。

明代有一个问题很容易产生混淆,即明初统一全国时,曾封徐达为征虏大将军,李文忠、蓝玉为左右副副将军,邓愈、汤和为左右副将军。这个"副副将军"用得不长,几年后就改称参将。但这种"当时既有副将军,又有副副将军"的制度很容易令人误解,故而值得我们注意。

清代的八旗与绿营

顺治元年(1644年),清朝统治者挥师入关,定鼎中原,建立了中国最后一个王朝。立国之道,莫要于治兵。军队关乎国脉延绵和社稷安危,是古代王朝最为关注的政治敏感区。清军入关之后,清廷根据当时的实际情况,吸取历代的政治智慧和军事经验,经过数朝的运筹擘画,精心布置,形成了颇具特色的武力结构。所豢养的精制军队有两大支,一是八旗,一是绿营。两支军队分别成军,各自建制,完整地传递着清朝统治者的建军原则和政治意图。依靠这两大暴力工具,清朝统治者完成了对幅员辽阔的广大领土的有效控制和占领。

八旗是清朝统治的基本武力,是统治者最为信赖的武装力量,共分满洲八旗、蒙古八旗和汉军八旗。为了控制全国,清朝统治者在一些战略要地驻扎八旗兵,因此也设立了一套官制,分掌八旗各部的最高长官叫将军,官阶为从一品,与加尚书衔的总督品位相同。因其驻防于地方,所以也称为"封疆大臣"。将军若与总督同驻在一个省区的,凡会同奏事,必以将军为领衔,可见其地位高于总督。但将军在地方上的实权则远不如军民兼治的总督。

八旗高级阶还有都统、副都统。都统的官阶与将军相同,也是从一品。全国仅设都统两

顺治帝画像

人，分驻于张家口与热河。张家口都统兼管察哈尔游牧之事，所以一般也称为"察哈尔都统"，共统辖官兵1.9万多人。热河都统兼管木兰围场及游牧之事，共统辖官兵8700多人。两个都统衙门均设有笔帖式4人，办理所属事务。副都统品位低于将军，为正二品官。其驻守之地区若有将军者，则由将军兼辖。若无将军者，则独立行使权力，其防务可直达兵部，甚至可向皇帝奏事。

八旗兵集中驻防，便于以多制少，以整击散。八旗兵入关之初，骁勇善战，"地方有事，即请满洲大兵"，是清王朝最为倚重的武装力量。但是承平日久，八旗子弟逐渐沉迷于享乐，不思武事，整天提笼架鸟，走街串巷，完全丧失了战斗力。

除了八旗之外，清朝的另一支武装力量就是绿营。早在入关之初，清朝统治者即收编了明朝残余军队，进行整顿改编，并陆续投入战场使用，成为王朝军事力量的重要补充，因旗用绿色，故称之绿营。绿营的士兵基本上由汉族人组成。清初，军事以旗兵为主力，中期以后，因绿营兵人数增多，并大大超过旗兵，便逐渐取代旗兵而成为清军之主力。绿营的最高组织为"标"，下面为"协"、"营"、"汛"。标分为督标、抚标、提标、镇标、军标、河标、漕标等。实际各省绿营的独立组织为提标、镇标。统率提标的是提督，为地方最高的武职官员，为武职从一品官，比文职巡抚高一级，与加尚书衔的总督平级，为各省绿营的最高长官，管理一省军政，也称为"封疆大吏"，但都要听命于巡抚。各省提督统辖全省各镇总兵。各省提督所属有总兵。总兵为武职正二品官，管辖本标及所属各协、营，镇守本镇所属地区，受本省总督与提督节制。总兵也分为陆路与水师两种，各镇总兵所属有副将、参将、游击、都司、守备、千总、把总、外委等官。副将为武职从二品官，分别受将军、总督、巡抚、提督、总兵管辖。为将军、总督、提督统理军务的，分别叫军标中军、督标中军、提标中军。为河道总督稽核工汛的，叫河标中军。为漕运总督督率官弁催护漕船的，叫漕标中军。为总督、巡抚、提督分守险要的，称为协标。驻各地副将都自有衙门。参将为武职正三品官，分属总督、巡抚、

古代军队

第四章 中国古代的其他官制

提督、总兵管辖。有的独守一城,有的与上级武官同守一城。为巡抚统理营务的,称抚标中军,为提督统理营务的,称提标中军。全国绿营参将共 177 人(有 5 人在京师巡捕营),其中有 22 人为水师参将,其他都是陆路参将。参将之下是游击,为武职从三品官。游击人数较多,全国共计 370 人,其中有 49 人为水师游击,其他都是陆路游击。游击之下是都司,为武职正四品官,全国有 494 人,其中有 82 人为水师都司,其余都是陆路都司。参将、游击、都司的职掌大体相同。低于都司的是守备,为武职正五品官,其职守是管理营务与粮饷,属各省提督、总兵管辖,并有充参将、游击军官的,全国总人数为 887 人,其中有 121 人为水师守备,其余都是陆路守备。另有卫守备 40 人属漕运总督管辖。

绿营不但用来出征,而且承担正常社会秩序的守护,如缉捕逃犯,查拿罪犯,巡逻城池,盘查奸宄,弹压地面,平息地方械斗,查禁赌博、夜戏、娼妓及民间结盟拜会等;承充政府需要以武力为后盾的各项差役,如饷鞘转运,都由绿营官兵护送,若饷鞘数目庞大,由沿路各省督抚增派游击、都司等官弁,督率兵丁分起护送,逐程交接,戒备森严。州县起解的钱粮,也由绿营派兵护送。催护漕粮北运,京铜北解,由督抚派专人押送。如解运京铜在 20 多万斤以上,需要派兵 12 名护送。押解罪犯也是绿营职责,不管是等待审理的人犯,还是已经审完即将发配的罪犯,其递解过程中,都由绿营负责押送,正犯 1 名,配备兵丁 2 名。此外还担负重要目标的守护任务,如看守仓库监狱,传递官府文书,守卫官府衙门,掌管城门关闭开启,守护清帝陵寝等,都由绿营包揽。至于查禁清政府所不允许的各种非法经济活动,也大多由绿营负责,如查拿私盐等。因此从职业特色上,绿营又有操兵、差兵、河兵、塘兵等不同名目。清政府把当时社会几乎所有的公共权力全部托付给绿营,"绿营实际上包括了军队、警察、差役、河夫等等庞杂的性质"。

就清朝绿营职官体系而言,武官的品级是比较高的,提督的品级可以与总管数省军政的总督相提并论,即便是最低级的武弁把总,其品级也等同于号称"百里侯"的七品知县。但是品级与权力并不等同,两者在清朝官职等级序列中是完全脱节的。出于防止武将拥兵自重的政治需要,从宋朝开始实行文人掌兵的制度,以文治武,清朝自然也不例外。巡抚作为正二品的封疆大吏,所有该省的武官包括从一品的提督在内,都由巡抚节制。所以当时有人评价说:提督虽一品,其权不及州县。兵备道在监司之列,权重而体尊。然国初时提镇视道为属员,兵将之勇怯,营伍之虚实,

马兵之缺补，粮饷之盈缩，道员不敢过问，至康熙三十年（1691年），始定道员与提镇平行。到后来，道员位居总兵之上，加兵备衔的四品道员可以指挥正二品的总兵，如台湾镇总兵例归台湾兵备道节制。不仅如此，武职官员的政治前途也操纵在文职大员的手中。虽说总兵以上号称专阃大员，其外放由皇帝特简，但其贤否却在巡抚的生花妙笔上。提镇如此，其他低级武官自然更不在话下，平时每年武官的升迁考核黜退，战时军功的保举惩戒，都由巡抚向皇帝专章奏保，武官的荣辱也在巡抚的掌握之中。所以说，武官在文职面前气短，循规蹈矩，恂恂如属吏。文职大员则气粗，昂视阔步，视之如仆奴。其官场形象与其职业特色错位颠倒，恰好成为一个绝妙的讽刺。

知识链接

庶子为官制

庶子，原指贵族嫡长子以外的其他子弟。《仪礼·丧服》："大夫之庶子为适（嫡）昆弟。"在贵族制时代，大夫以上的官位都由嫡长子继承，一般的贵族子弟，即所谓庶子，只能做天子、诸侯、大夫的家臣，或在公室担任低级职务。有专门管理庶子的官，也称为庶子。战国时期，县令以上的官僚、贵族，大都有一些门客协助处理政务和家事。原来出身比较高贵的称为中庶子（或御庶子、门庭庶子）、少庶子。

汉代太子属官置太子中庶子，职如侍中；太子庶子，如三署中郎。列侯家臣置庶子一人。晋时亦置中庶子、庶子，庶子职比散骑常侍、中书监令，与汉制不同。北齐时置门下坊、典书坊，分别以中庶子、庶子领之。隋朝门下坊置左庶子，典书坊置右庶子。唐代改门下坊、典书坊为左右春坊，左右庶子曾改为左右中护。清代雍正以后无太子，但仍设置左右庶子，用以备翰林官的迁转。

第四章　中国古代的其他官制

第二节
中国古代少数民族的官制

 **中国古代的边疆管理**

在多民族国家形成和发展的进程中，中央皇朝不断健全和完善对于边远地区的行政管理体制，成为历朝历代整个行政体制的有机组成部分。

前面提到过，秦汉时期在边远地区设置"道"作为县一级行政机构。东汉时，内地各郡撤销负责军事行政的武职，但在边远地区仍然保留都尉的设置。当时，主要在三北地区按族类分别设置武职进行监护，如西域都护（西域长史）、使匈奴中郎将、护乌桓校尉、护羌校尉等。魏晋南北朝时期，边远地区的"道"改为县。对于各族的管理，基本沿置校尉监领。三国时的魏国，西域内附，置戊己校尉，又有护羌校尉、护东羌校尉、护乌桓校尉、护鲜卑校尉等。西域长史府治海头（今新疆罗布泊西），沿置未改。西晋时，各校尉的设置由北逐渐向南发展，除先前在三北地区所设外，新增南蛮校尉（治襄阳）、西戎校尉（治长安）、南夷校尉（治滇池）等，又有护蛮夷、护越中郎将，并置平越中郎将（治广州）。东晋南渡，又于江陵、襄阳分置南蛮、宁蛮校尉，分理江北、江南蛮人。南朝大体沿制设置校尉或中郎将，分理各边地少数民族。同时设置了蛮府及佐郡、俚郡、獠郡和属县，为少数民族聚居地行政建置。北朝自北魏开始，边地实行镇戍制，以镇代州，以戍代郡县。镇置镇都大将、镇将，戍置戍主。镇将既治军又治民，事权重于刺史。镇戍的设置，主要职能在攻战守卫，不再管理少数民族。

唐朝前期，建立起对边远地区少数民族的完备管理体制。自太宗开始，仿照西汉置西域都护的做法，陆续在边地设置了安西、安北、单于、安东、

安南等都护府，武则天又加置北庭都护府。六都护府为周边地区最高行政机构，直属中央皇朝，掌慰抚所统诸蕃及征讨、斥堠、安辑蕃人，叙录其勋功。都护府分大都护府、上都护府。大都护府设大都护1人，由亲王遥领；副大都护、副都护各2人；所属长史、司马、录事参军各1人，录事2人，功、仓、户、兵、法曹参军各1人，参军事3人。上都护府设都护1人、副都护2人，属官与大都护府略同。

都护府统领边地少数民族，主要通过羁縻州来实行。唐朝建立以后，在周边少数民族聚居地陆续设置州或都督府，以本族首领为都督、刺史，皆得世袭。这类的州或都督府，称为羁縻州，隶属于各都护府。这些羁縻府州有相对的自治权，大多不向朝廷交纳贡赋，而且保留原有机构，甚至许其在本族内部称"国"。只是在部分地区以汉官参治，或实行监临制，如在黑水靺鞨置长史，"就其部落监领之"。

虽然都护府与羁縻州制在"安史之乱"以后逐渐被节度使体制取代，但唐皇朝从未明令废除都护制。作为对边远地区少数民族进行管理的特殊地方行政体制，影响着明清时期的土司制度。

元朝在远离行省中心的地区或少数民族聚居地区设宣慰司，兼有行省派出机构和介乎省、路之间一级行政机构的职能，掌军民之务，分道以总郡县，行省有政令则布于下，郡县有请则为上达。有边陲军旅之事，则兼都元帅府。宣慰司设宣慰使3人，同知、副使各1人。云南行省、湖广行省、四川行省的边远地区及宣政院所管吐蕃地区，又有宣抚司、安抚司、招讨司的建置，大部分隶于各道宣慰司，亦有直隶行省者，皆以达鲁花赤为最高长官，下有使、副使等职。宣慰司及所属路、府、州、县，或宣抚、安抚、招讨诸司，常常采用当地土官，因族而治、因俗而治。

明朝在西南边地确立起土司制度，即以宣慰司、宣抚司、安抚司、招讨司、长官司等作为土官官署，其设官如宣慰使、宣抚使、安抚使、招讨使、长官等均为土官官职。府、州、县各级职官由土官充任者，一律冠以"土"字，如土知府、土知县等，其

都护府遗址

第四章 中国古代的其他官制

衙门称土府、土县。土司的土官为世袭，均由当地少数民族头人充任。但府、州、县官的承袭需报吏部验封清吏司，宣慰、安抚等官的承袭需报兵部武选清吏司。同时规定，土司必须听从地方文武长官的约束。

对于西藏、东北地区，主要通过羁縻都指挥使司来进行管理。明初，即在西藏地区设置朵甘卫、乌斯藏二指挥使司，又有西藏僧官制度，因俗而治。东北地区，则以奴儿干都指挥使司为管辖黑龙江、乌苏里江流域的最高地方行政机构。都指挥使司下，又设置了数量众多的卫、所。都指挥使、都指挥同知、都指挥佥事及千户、百户、镇抚等官，皆由当地部族首领充任，但须由明皇朝予以委任。

清朝作为空前统一的多民族国家，对于边地少数民族实行"因其教而不易其俗，齐其政而不易其官"的基本方针，因而有着不同的管理形式：蒙古族地区用盟旗制，新疆维吾尔族聚居地喀什噶尔沿袭伯克制，西藏地区采用政教合一的管理制度，西南地区大体沿明制实行土司制度。

盟旗制，即在蒙古地区及青海蒙古各部设盟、设旗。每旗置旗长，蒙语称"扎萨克"，即执政之意，由蒙古王、贝勒、贝子、公、台吉等充任，掌管本旗军务、行政、司法等事，受理藩院和驻防将军、都统节制。其下设协理台吉，助理旗务。若干旗合为一盟，置盟长，由各旗长及闲散王公选任。盟仅仅监督各旗事务，不是高于旗的行政机构。乾隆时，又设参赞大臣或办事大臣，掌领各旗会盟军政大事。

伯克制，即天山南北维吾尔地区行政制度。伯克为地方长官。清朝统一天山南北之后，任命了一批各级伯克，但废除世袭制，改由朝廷任命。各级伯克皆受伊犁将军及所属都统、参赞大臣、办事大臣、领队大臣等辖制，全疆各地军政要务皆总汇于伊犁将军。

在西藏，以达赖喇嘛（驻前藏）和班禅额尔德尼（驻后藏）为最高宗教领袖，同时掌握行政大权，具体事务则由第巴办理。乾隆时，取消第巴，改以噶厦处理政务。噶厦由3名贵族和1名僧侣组成，称作噶伦。朝廷以驻藏大臣"督办藏内事务"，噶伦及以下各僧俗官员皆属驻藏大臣管辖。同时，建立金本巴瓶制度，达赖、班禅及前后藏各大活佛灵童转世的"金瓶掣签"仪式，须驻藏大臣亲临监视，然后呈报朝廷批准，方可生效。

西南地区此时已渐渐列入内地直省，雍正年间进行大规模的"改土归流"，废除土官、土司，代之以流官，实行与内地完全一致的地方行政体制。

这些地区虽然形式上还保留了相当一批土官，除了世袭这一点之外，与流官几乎没有任何区别，土司仅仅"存其名号而已"。

两汉的民族与边疆官制

汉代是我国多民族统一国家进一步形成和发展时期，一方面，随着汉朝的建立，我国主体民族华夏族逐渐被称为汉族，这反映了民族共同体新的发展；另一方，边疆地区各民族与中原王朝的联系更为密切。

在中央建制方面，汉在秦的基础上，设有专门管理少数民族事务的机构，并有所扩大。中央政府机构中，沿秦制，初置典客，景帝时改称大行令，武帝时改称大鸿胪，王莽时称典乐，东汉复称大鸿胪，属吏有行人、译官、别火三令丞，以及郡邸长丞。大鸿胪"掌诸侯及四方归义蛮夷"，"及四方夷狄封者"。西汉中期前，还设有典属国，"别主西方夷狄朝贡侍子"，"掌蛮夷降者"，成帝河平元年（公元前28年）六月，典属国合并大鸿胪。汉武帝后，中朝权力扩大，尚书地位提高，尚书置六曹，其中客曹尚书主"外国夷狄事"，主要掌羌、胡之事。

汉朝治理边疆民族事务的地方机构，有以下几种形式：一为郡、道，二为属国、校尉、中郎将，三为都护府。

汉武帝雕塑

郡、道。汉武帝为解除匈奴对北方的威胁，在多次派霍去病、卫青出击匈奴的同时，又派遣郎官张骞出使西域，意在联合被匈奴压迫西迁的大月氏，共同夹击匈奴。武帝元朔二年（公元前127年）卫青统兵出击陇西，夺取河南地，置朔方、五原两郡。元狩二年（公元前121年）汉将霍去病两次出击陇西后，在河西地区先后设立武威、酒泉、张掖、敦煌四郡。

南方是越族聚居之地，武帝在武力征伐的基础上，广置郡县，先后分设儋耳、珠崖、苍梧、郁林、合浦、交趾、九真、南海、日南等九郡。在今云贵、四川地区，经

第四章 中国古代的其他官制

武帝长期经营,在这里分设了犍为、群舸、越巂、汶山、沈黎、益州六郡。东汉明帝时又置永昌郡。

汉武帝时还对立国于朝鲜半岛北部的卫氏王朝连年用兵,终于灭其国,在其故地设置真番、乐浪、临屯、玄菟四郡。

汉武帝在上述新征服区内,设官置守,实施了中央王朝对这些地区的有效管理。但由于汉王朝采取一定的民族歧视的政策,加之交通不便,朝廷在管理方面,常有力不从心之感,因此当地部族的反抗时有发生。汉昭帝时对辽东四郡做了调整。到了东汉,罢撤郡县,改由当地土著豪强为官的统治政策,给予当地一定程度的自治或半自治的权力。属国、校尉和中郎将,这些都是汉朝为掌管少数民族事务而设置的官职,因地区不同而有不同名称。汉武帝元狩三年(公元前120年)为处置匈奴降者,于安定、天水、上郡、西河、五原等郡置五属国,由属国都尉统领,下有丞、侯、千人,属官有九译令。汉宣帝神爵二年(公元前60年)为安处降羌,设金城属国都尉,"羌虏降服,斩其首恶大豪杨玉、酋非首,置金城属国以处降羌"。属国均由都尉统领,秩中二千石,地位与郡守相当,都尉之下,设诸曹掾史,办理具体事务。

汉朝在今甘肃、青海境内黄河及其支流湟水一带的羌族居住的地区设护羌校尉进行管理。西汉政府在这些地区封各部首领为王、侯、君等。于是"四夷宾服,边塞无事"。此外,汉朝又在北方乌桓(亦称乌丸)族居住的地区,设护乌桓校尉。

西汉中叶后,匈奴族内部发生纷争。宣帝甘露二年(公元前52年)匈奴首领呼韩邪单于到达五原塞,表示愿意归汉。汉宣帝派遣车骑都尉韩昌往迎。呼韩邪单于在西汉政府帮助下,不久统一匈奴各部。汉元帝后为加强与匈奴族的沟通,派中郎将官员前往匈奴传达诏令,解决各方面事务。后西汉政府又先后派王舜、夏侯藩、丁野林、韩隆、王骏等人以中郎将身份出使匈奴。由于西汉政府经常派遣中郎将出使匈奴处理各种有关事务,到东汉时,使匈奴中郎将就成为政府管理匈奴事务的官员。

西域都护府。这是汉朝治理西域的最高军政机构,是汉朝加强对西域统治而采取的重要措施。

西域指今新疆天山以南,昆仑山以北,葱岭以西,东接甘肃省的广大地区。据《汉书·西域传》载"西域以孝武时始通,本三十六国,其后稍分至五十余"。在这些众多的城郭政权中,有从事畜牧业的乌孙、鄯善等国,有以

农耕为主的于阗、疏勒、龟兹、大宛、焉耆等国，还有以畜牧业为主也从事农耕的车师前、车师后等国。他们有的属于氐羌族系统，有的属于阿拉伯系统，也有的是介于氐羌和匈奴之间的民族。西汉初年，西域的大部分地区在匈奴的控制之下，匈奴在那里置僮仆都尉进行管治。西域诸国虽属匈奴，但"不相亲附，匈奴能得其马畜旃罽，而不能统率与之进退"。

汉武帝在抗击匈奴和通西域的过程中，加强了与西域诸国的接触和了解。霍去病征服河西走廊后，于元狩二年（公元前121年）设置张掖、酒泉、武威、敦煌四郡。太初三年（公元前102年）大将军李广利降服大宛，"西域震惧，多遣使来贡献，汉使西域者益得职。于是自敦煌西至盐泽（今新疆罗布泊）往往起亭，而轮台、渠犁皆有田卒数百人，置使者校尉领护，以给使外者"。在轮台（今新疆轮台）、渠犁、尉犁（今新疆库尔勒）设置使者校尉，这是西汉政府在西域设立行政建置的开端。接着，汉昭帝元凤四年（前77年）西域鄯善王尉屠耆归汉后，又在其地设伊循都尉。汉宣帝地节二年（前68年）又在西域设"护鄯善以西使者"。这些机构的设置表明汉王朝与西域诸国关系的日益加强，并为西域都护府的设立创造了条件。

汉宣帝神爵二年（公元前60年），西汉政府设西域都护府，管辖西域军政事务。早在地节二年（公元前68年），汉政府设西域都护一职，为加官（即把"都护"一职加到别的官职上面，非正式官职），以骑都尉、谏大夫使护三十六国。神爵二年（公元前60年），使护鄯善以西使者郑吉攻破匈奴控制的车师城，又招降匈奴日逐王，威震西域。此后，郑吉并护车师以西北道，"西域都护"正式成为官名。西域都护秩二千石，掌护西域三十六国，地位与郡守相同，为西域地区最高军政长官，属官有副校尉一人，丞一人，司马、侯、千人各两人。汉中央王朝与西域都护府是监领关系，中央尊重当地民族风俗，地方基层官员一般委派当地民族部落领袖担任，在征税方面实行优惠政策。西域都护府的设置表明，今巴尔喀什湖以东以西广大地区，已成为西汉王朝疆域的一部分，并对其进行了有效的行政统治。

西汉末，西域为北匈奴所控制，废西域都护。东汉明帝永平十七年（74年）复置，统西域50余国。此后西域都护时置时废，或仅置护西域副校尉、西域长史、行都护事等吏。但西域都护再也不是加官，而是作为朝廷正式命官，成为西域地区的地方行政长官。

第四章 中国古代的其他官制

唐代的都护府

都护作为官名，始见于西汉宣帝时期设置的西域都护。设在乌垒的西域都护府，统领大宛及其以东诸国，兼督察乌孙、康居等游牧部落。当时以郑吉为长官，驻节乌垒城（今新疆轮台东），总领西域诸国，设官屯田，抗击匈奴侵犯。东汉时期也设过这个官职，班超曾经担任这个职务三十多年，魏、西晋设有西域长史府，有力地加强了西域和内地的政治经济联系。

唐朝国力强盛，疆域辽阔，与边疆地区的联系进一步加强。许多部落自武德时代（618～626年）起就主动内附。自太宗年间起，唐朝先后平定了突厥、薛延陀等部，更多的边疆部族纷纷降附，唐王朝面临着如何处置众多归附民族的问题。由于数百年民族联系的不断加强，友好往来的不断增长，以及唐初统治者胸襟开阔，民族偏见较少，为了有效行使对边疆地区的管理，唐太宗将治理内地的经验推广到周边，于少数民族地区列置州县，使各部首领管理本部。为管理这些州县，唐王朝又仿汉代西域都护府的建制在少数民族地区设置都护府。从太宗至武后，建立了安西、安东、东夷、安北、单于、北庭、昆陵、蒙池、安南九个都护府。到玄宗开元、天宝时，只剩下安西、北庭、安北、单于、安东、安南都护府，这就是著名的六都护府。都护的职责是"抚慰诸藩，辑宁外寇"，凡对周边民族之"抚慰、征讨、叙功、罚过事宜"，皆其所属。这六大都护府像六根擎天柱石一样，守护着国家边境的安全。都护府的出现，是唐初边疆地区民族关系发展的客观需要。

安西大都护府主要管辖天山以南地区，这一带原来由西突厥控制，贞观二十二年（648年）唐军打败西突厥后，天山以南

唐代疆域图

的小国纷纷归附唐朝，唐朝政府就在龟兹设立了安西都护府，统领龟兹、于阗、疏勒、鄢耆四镇，史称安西四镇。安西四镇是唐政府控制西域的军事基地，长年驻兵，对西域的安定起着重要作用。北庭都护府设立于长安二年（702年），辖境东起伊州（今哈密），西至咸海，北抵额尔齐斯河及巴尔喀什湖，南依天山。景龙三年（709年）改北庭都护府为北庭大都护府，管辖范围以天山以北和巴尔喀什湖广大地区为主，这是丝绸之路的重要通道，对于保障行旅安全，维护丝绸之路的畅通起了十分重要的作用。安北大都护府设于贞观二十一年（647年），管辖整个漠北地区，相当于今内蒙古乌加河以北、蒙古国全部、额尔齐斯河、叶尼塞河上游和安加拉河、贝加尔湖周围地区。治所先设在古单于台（今内蒙古呼和浩特），后来移到漠南的受降城（今内蒙古包头）。单于大都护府管辖阴山河套一带，北距大漠，南抵黄河。治所设在云中故城（今内蒙古土城子）。安东都护府设于总章元年（668年），最初管辖地域西起辽水，南尽高丽故土，治所初在平壤。后都护府迁至辽东，治所移至新城，主要管辖东北黑龙江下游两岸地区。调露元年（679年）以交州都督府改置安南都护府，为岭南五府之一。治所在宋平（今越南河内）。辖境北抵今云南南盘江，南抵今越南河内、广平省界，东有广西那坡、靖西和龙州、宁明、防城部分地区，西界在今越南红河黑水之间。都护由交州刺史兼任，治所在宋平（越南的河内）。

各督护府长官都是朝廷命官，品级很高，大多是从二品或者正三品的大员。都护府的主要任务是对内安抚边疆地区的少数民族，征讨反叛，对外维护边疆地区的政治稳定，防御外敌入侵。都护府的政府机构设置大都护、副大都护、长史、司马以及各曹参军，出任都者多为当朝有名的将领。如太宗时期安西都护为郭孝恪，中宗时期的安西大都护为郭元振，玄宗时期的安西副大都护为高仙芝，高宗时期的安东大都护是薛仁贵，这些都可谓是一代名将。都护府所统兵马，有直属守边兵，主要由汉人组成，这是都护手下的基干力量，情势危急时有权征发少数民族的兵力。都护调兵一般事先请示朝廷，得到皇帝批准后方可发兵，当然在情况危急之时，因边疆距京师路途遥远，请示不便，边关大师可以先调后奏。都护府都设有屯田机构，负责军队的屯田事宜，以解决军需供应。

各都护府为边疆军政合一的最高政权机构，每个都护府以下设有若干个都督府、州和县，分别设置都督、刺史和县令等官员治理地方。如安西都护

第四章 中国古代的其他官制

府下设鄢耆、于阗、康居、大宛等都督府。显庆二年（657年）在中亚碎叶以东设置昆陵都督府，碎叶以西设置濛池都督府。后来隶属于西突厥的中亚诸国也归附唐朝，唐朝在于阗以西、波斯以东的十六国地区以及在阿姆河以北的昭武九姓国地域也划分了许多都督府和州县，上述地区都归安西都护府管辖。不过上述地区的大多数地方官都由各部族首领出任，保持了很大的独立性。安北都护府下设六个都督府和七个州，都是按照铁勒族各部落而划分的，部落首领出任都督和刺史。安东都护府建立后，也设置了九个都督府、四十二个州，以及一百多个县。唐政府虽然用内地的行政区划对边疆地区进行治理，实际上各部落依然保持原来的社会结构，唐朝政府并不在这些地方征收赋税，征发兵役。不过如果边疆面临战争，各都督府以及州县要听从都护府调遣兵马，各部落首领要统兵出征。

中唐以后，由于中央政府权威不振，藩镇割据，政府自顾不暇，国力大跌，再也无力控制边疆地区。在这种情况下，边疆都护府建制存废不已，发生很大变化。具体而言有以下几种情况：一是安西与北庭两个都护府撤销，分别改为安西节度使和北庭节度使，管辖疆域大大缩小。后来吐蕃势力兴起，阻断了河西走廊。走廊以西的地区全部被吐蕃王国和回纥汗国所占据，葱岭以西则为大食所占领。唐政府的势力向东缩回了几千公里，逼近了长安。二是安北和安东都护府虽然仍保存其名，但是辖区大大缩小，已经失去了往昔雄蕃大镇的威风，结果被分别划归朔方节度使和平卢节度使管辖。单于都护府则改为振武军，成为州一级的建制。三是安南都护府都护改由交州刺史兼任，辖区也大大缩小，云南则被南诏占领。可见随着唐朝国力的衰落，边疆属国就像断了线的风筝一样渐渐远去，或者被其他新兴势力消灭，威震一方的都护府也就日趋瓦解了。

都护府的设置对于巩固边防、维护国家安定、发展民族地区经济、加强各民族之间的联系，都起着十分重要的作用。如安西都护府管辖的"昭武九姓"和唐朝的联系就十分频繁，他们的舞蹈传入内地；吐火罗国的使臣多次来到中国，给唐朝带来了汗血宝马、玻璃、药物等；波斯商人的足迹遍及中国南北各地，他们的菠菜、波斯枣也输入中国。中国的丝绸、瓷器和纸张也不断输入国外，远销波斯、阿拉伯等国家，并由此转运到西方。总之，唐朝由于边境安然而和亚非拉国家有了广泛而深刻的联系，开阔了中国人的视野，丰富了中国的经济和文化生活。这一切都归功于中国对边疆地区的有效管辖。

同时，都护府成为边疆地区捍卫领土、抵制民族分裂势力和外国侵略的中流砥柱。如肃宗末年，大将李元忠守北庭，郭昕守安西，英勇抵抗吐蕃的进攻，"吐蕃久攻不下"。"将军角弓不得控，都护铁衣冷难着"，正是因为边疆将士的边疆喋血，才换来了唐王朝的长治久安。

辽代的北面官与南面官

辽太祖（耶律阿保机，汉名亿）于公元 10 世纪初统一契丹八部，控制了女真、室事等族，建立契丹国，937 年，改国号为辽，成为我国北方的一个王朝。为了进行统治，在政权机构上改变契丹原来事简职专的官制体系，以契丹皇族、后族与贵族为主，在行政管理上分为"北面"、"南面"两套统治机构，即所谓"官分南北，以国制治契丹，以汉制待汉人"。

北面官统治游牧的契丹、蒙古、回鹘、女真等族；南面官则大部仿效唐制，统治汉族及其他各族人民。这种政府体制，在我国历史上是一种特殊的情况。

辽代北面官主要情况是："北枢密视兵部、南枢密视吏部，北、南二王视户部，夷离毕视刑部，宣徽视工部，敌烈麻都视礼部，北、南府宰相总之。惕隐治宗族，林牙修文告，于越坐而论议以象公师。"这一官制始于辽太宗（耶律德光）之时。但应注意的是，辽代北面官中这种北南之分，与其整个中央官制中的北面官、南面官不同。《辽史·百官志一》曾特意指出这一点，以免混淆。

辽太祖雕塑

辽代的北面官有：北面朝官、北面御帐官、北面著帐官、北面皇族帐官、北面诸帐官、北面宫官、北面部族官、北面坊场局冶牧厩官、北面边防官、北面行军官，北面属国官等等。以其中主要机构北面朝官为例，设契丹北枢密院，掌兵机、武铨、群牧之政，凡契丹军马皆属之。因其牙帐居大内帐殿之北，又称"北院"。"北院不理

第四章 中国古代的其他官制

民",是一个专掌军政的机构,其属官主要有:北院枢密使、知北院枢密使事、知枢密院事、北院枢密副使等。以其牙帐后大内帐殿之南的南枢密院,掌文铨、部族、丁赋之政,称"南院"。"南院不主兵",是专事掌管契丹民事的机构,其官属名称与北院相对应。又有北宰相府、南宰相府,掌佐理军国大政,分别由皇族四帐与国舅五帐世预其选。北大王院与南大王院分掌部族军民之政;宣徽北院与宣徽南院分掌北、南两院御前祗应之事;另有:大惕隐司掌皇族政教事务,夷离毕院执掌刑狱,大林牙院掌文翰之事,敌烈麻都司掌管礼仪。此外,还有大于越府,虽无职掌,而班在百僚之上,非有大功者不得授予。大于越府长官为于越,整个辽代,因殊荣得为于越的仅有耶律曷鲁、耶律屋质、耶律仁先三个人。他们为辽初开国大臣,功勋殊异。

辽代南面官沿唐制,为统治汉人及其他各族的中央机构,至世宗时逐渐完备,有三省、六部、台、院、寺、监、诸卫、东宫等官。南面官主要有:南面朝官、南面宫官、南面京官(辽有五京:上京在辽宁巴林左旗南波罗城,为皇都,凡朝官、京官皆有之;余四京随宜设官,为制不一,大抵西京为大同,多边防官;南京即今北京,中京在辽宁宁县大明城,与东京辽阳皆多财赋官)、南面大蕃府宫、南面方州官、南面分司官、南面财赋官、南面军官以及南面边防官等。

以南面朝官为例,设有以下主要官署及职官:三师府置太师、太傅、太保、少师、少傅、少保;三公府置太尉、司徒、司空,汉人枢密院长官为枢密使,太祖时汉儿司,曾由汉人韩知古总其事,中书省先为政事省,太祖时汉人韩延徽曾为政事令,兴宗重熙十三年改现称,长官为中书令;门下省长官为侍中;尚书省长官为尚书令;御史台长官为御史大夫殿中司长官为殿中;翰林院长官为翰林都林牙;宣徽院长官为宣徽使;内省长官为内使省;内侍省长官为黄门令,客省长官为都客省。另有太常寺、秘书监、司天监、国子监、太府监、将作监、都水监以及诸卫等。此外,南面朝官还设有太子东宫三师府、宾客院、詹事院、司直司、左春坊、右春坊等。诸王府则有王傅府、亲王内史府等。

辽代南面官的机构与职官相当庞杂,但职简权轻,在实权与所辖政务上,远不能与北面官相提并论。

辽代从太祖时初建政治统治机构过程中,逐渐汉化,深得汉人之力,其中有康默记、韩延徽、韩知古等人。康默记少为蓟州衙校,太祖"侵蓟州时得之,

爱其才，隶麾下"，拜左尚书。神册三年，他为辽建设都城，总理工程，以百日而事成；五年，为皇都夷离毕，曾与太祖多次南征汉地，屡建功勋。韩延徽原为幽都府文学，平州录事参军，幽州观察度支使。与幽州藩镇刘守光出使契丹，被太祖留为谋士。他协助太祖"树城郭，分市里，以居汉人之降者。又为定配偶，教垦艺，以生养之"。（《辽史·列传四》）他为辽国收留了大量汉人，使其农业得到发展。他又助太宗与世宗创立统治体制，以强化君权。历官太祖、太宗、世宗三朝，先后任政事令、南京（今北京）三使司、南府宰相，并受封为鲁国公。韩知古蓟州人，从太祖，神册初，遥授彰武军节度使，后总知汉儿司事，兼主诸国礼议。他援引历朝典章，参酌契丹国俗，糅汉与契丹之制于一体，对辽建国初期统治机构的创建与形成起了很大作用。

明清的少数民族官制

土官和改土归流则是明清两代对云、贵、川、桂等地区的少数民族的管理制度，这种制度与边疆地区的管理制度有很大的区别。

明清的土官大致可以分为两个系统：一是由军事部门管辖，如宣抚使司、宣慰使司、安抚使司、招讨使司、长官使司等。这些使司的长官又称为土司，其下设同知、副使、佥事等官，均由该民族的各级头人世袭其职，其任免袭替由兵部武选司负责，政务归各省军事部门统率。这类使司多设在边远地区或被军事征服时间较短的地区，土司们拥有一定数额的土司兵，协助省军事部门维护该地区的社会秩序。二是由行政部门管辖的，即所谓的土府（军民府）、土州、土县等，其主要长官也称土知府、土知州、土知县。这些土官衙门的编组略如内地府州，但比较简略。其长官和佐贰官均由该民族的大小头人世袭，任免世袭事务由吏部验封司负责，政务由各省布政使司负责。这类土府州县多设在内地各省的少数民族地区。

土官衙门的设置，是明清王朝的军事镇压和怀柔政策的结合，王朝把各级土官衙门编组进地方行政序列之中，但保持其特殊的治理方式，使这些土官治理本部族。在实际运作中，只要土官不危害朝廷的利益，朝廷一般不干涉其内部事务，故一些土官土司在其属地横征暴敛，恣作威福，朝廷往往采取旁观容忍的态度，不但不绳之以法，还勾结土司土官对各族人民进行盘剥奴役，以谋取他们的贡纳。各土司土官在其境内放纵自为，为争夺土地和财

第四章 中国古代的其他官制

物，经常发生武装冲突，对王朝也常常是叛服不定，不但破坏王朝的统一，而且给当地人民的生活和生产造成损害。当背叛朝廷，举兵侵袭邻近汉人聚居的州县，甚至弑官逐吏，对王朝的尊严有损时，王朝往往采取极端政策，实施血腥镇压。明清两代曾经多次对这些土司实行征剿，并在部分地区推行"改土归流"的政策。这说明

清朝衙门

王朝与担任各级土司和土官的头人之间，既有相互利用勾结的一面，又有矛盾冲突和相互排斥的一面，而土司土官之间也有利害冲突。

改土归流，就是废除土司制度，改行与内地府州县相同的行政管理制度，官员改为朝廷任免选拔流官充任而废除世袭。第一次改土归流是在明永乐十二年（1414年），明军在平定思州、思南两宣慰使司的叛乱之后，下诏废除土司，改设贵州布政使司，分两宣慰司地为八府。此后，还曾经在局部地区推行过改土归流，但规模不大。

清代雍正时，在云南、贵州、广西一带进行大规模的改土归流，收缴土司印信，改设府州县，实行同内地一样的制度，加强了对这些地区的少数民族的统治。改土归流政策虽然有利于这些地区与内地的经济文化的交流和发展，但官吏在执行政策时，往往滥杀无辜，焚毁村寨，引起了少数民族的不满和反抗。因此，部分地区，尤其是苗疆和四川大小金川地区的改土归流，都是经过残酷的军事镇压才得以实现的，这严重伤害了这些民族的感情。

蒙藏地区地域辽阔，为蒙古族、藏族等少数民族聚居之地，而且地处边疆，因此朝廷对这两个地区的管理一直异于其他少数民族地区。

忽必烈在进军西南时，招降了吐蕃诸部，将西藏归入元朝的版图。为了加强对西藏的控制，元代在中央设立宣政院，管理西藏事务是其主要职责之一，必要时还设立分院驻藏办理事务。忽必烈尊奉西藏喇嘛教首领为国师，并以八思巴为西藏的政治首领（终元之世共设国师12人，均由朝廷任命，常驻京师）。这样，既加强了在政治上的统治，又保持了对宗教的领导，而进行有效的管辖。

明清两代因袭元代这种政治和宗教相结合的管理原则，在蒙藏地区长期实行政治宗教合一的管辖制度。

在政治管理上，明代在西藏设立乌斯藏都指挥使司，主管西藏各宣慰、宣抚、安抚、长官司等土司官；在蒙古设立大宁卫（今辽宁宁城县西）、开平卫（今内蒙古正蓝旗东闪电河北岸）、东胜卫（今内蒙古托克托北）三个军事重镇以控制边陲，封瓦剌部、鞑靼部首领为王，使他们自统其众。清代在中央设有理藩院以主管蒙藏事务；把西藏分为前后藏，设驻藏大臣以监督统领；在内外蒙古分设诸旗，由各驻防将军、都统或大臣监督统领。

在宗教管理上，明代承认蒙藏地区宗教首领的地位，对其宗教活动不加干涉。清代的理藩院则对达赖、班禅及内外蒙古、青海各处的喇嘛教及其所属信徒进行有区别的管理，这种管理也是在尊重其原有宗教习俗的基础上实施的。

清代对民族宗教进一步加强管理，有利于政治上的统一。如乾隆五十七年（1792年）颁行"金本巴（金瓶）掣签"制度规定，凡达赖、班禅转世，必须在驻藏大臣的监视下，抽签认定，遏制了从中舞弊的现象，也减少了僧俗人等为争夺继位人而引发的争执和冲突，取得认同，因此至今奉行不替。

在尊重少数民族宗教信仰的前提下，于政治上实行协商管理，也有利于维护统一。如清代规定：驻藏大臣与达赖喇嘛、班禅额尔德尼的地位平等，共同协商处理西藏事务。在蒙古，将各旗分组为盟，每三年会盟一次；会盟时，由中央选择其中某旗旗长为盟长、副盟长，或由中央派员担任；会盟的主要内容是清理刑名、编审丁籍、检阅旗兵，对各方面政务尽可能会议协商处理。虽然这种协商共同处理政务的做法在实际执行中也存在许多争议，但从总体上来说，还是在很大程度上密切了清王朝中央与蒙藏地区的关系，同时也增进蒙藏与国内其他民族之间的联系和了解，有效地巩固了西南、西北的边防，维护了国家的统一。

乾隆铜像

第四章　中国古代的其他官制

 知识链接

仆射的形成与发展

　　仆射，是侍从官的首领之称。始于秦朝，《史记·秦始皇本纪》里就有博士仆射周青臣。汉代沿置，博士、侍中、尚书、谒者、期门等皆有仆射。其他还有军屯仆射、永巷仆射、中黄门冗从仆射、中宫黄门冗从仆射等，皆根据所领职事为号。《汉书·百官公卿表》说："仆射，秦官，自侍中、尚书、博士、郎皆有。古者重武官，有主射以督课之，军屯吏、驺、宰、永巷宫人皆有，取其领事之号。"东汉改博士仆射为祭酒。汉末尚书仆射分置左右。魏晋以后，尚书令、尚书仆射同为宰相之职。隋朝以后，唯尚书省置仆射。唐代因太宗曾任尚书令，其后不再设置，尚书仆射成为尚书省长官。宋徽宗曾改左右仆射为太宰、少宰，南宋孝宗又改为左、右丞相。以后仆射之名逐渐废除。

第三节　中国古代的其他官制

太子的属官

　　太子为君主的预定继承人，处于特殊重要的地位，历代帝王都为太子设置了一套自成系统的属官，辅导太子，为太子服务，保卫太子的安全。西周

113

时,为太子置太傅、少傅,以辅导为职。《礼记·文王世子》:"立太傅少傅使之教世子(即太子)为事。"春秋时期,各诸侯国的太子,也多有师傅的设置,负责教导太子。战国时,太子除师傅外,又有中庶子(侍从之臣)、舍人(近臣)、洗马(亦作先马,掌传达)等。

秦、汉时期,太子属官日趋完备。秦及西汉在设置太傅、少傅的同时,另置詹事,掌管太子家事。东汉时不置詹事,以少傅领太子官属,其属官有:率更令,主庶子、舍人更直,职似光禄勋,庶子,如三署中郎;舍人,更直宿卫,如三署郎中;家令,主仓谷饮食,职似司农,少府;仓令,主仓谷;食官令,主饮食;仆,主车马,职如太仆;厩长,主养马;太子门大夫,职如郎将;中庶子,职如侍中;洗马,职如谒者,太子出,则当值者在前为先导;中盾,主周卫巡逻;卫率,主门卫士。汉初曾以叔孙通为太子太傅。

三国时吴国特别重视太子师傅之官,设左辅都尉、右弼都尉、辅正都尉、翼正都尉,合称"四友",又有宾客。当时"东宫号为多士"。晋时太傅、少傅置丞,掾属有功曹、主簿、五官掾、主记门下史、录事、户曹、法曹、仓曹、贼曹、功曹书佐等。詹事属官有中庶子、中舍人、洗马等。中舍人选舍人中才学最优者充任,与中庶子共掌文翰之事。以洗马兼掌图书。卫率分置左右。南朝宋增置太子屯骑校尉、太子步兵校尉、太子翊军校尉、太子冗从仆射、太子旅贲中郎将、太子左右积弩将军、殿中将军、殿中员外将军等。梁在太傅、少傅之下,置东宫常侍,以散骑常侍兼任。中庶子以功高者一人为祭酒(尊者、长者之意),太子出行携带印玺,随从护驾。舍人掌文记,与汉制宿卫之职不同。置典经局洗马,专掌图书。又置外监殿局,内监殿局,导客局,斋内局,主玺、主衣,扶持等局,门局,锡库局,中药藏局,食官局,外厩局,车厩局等。北齐置太师、太傅、太保为三师,少师、少傅、少保为三少。詹事总东官内外事务,领家令、率更令、仆三寺和左右卫二坊。另置门下坊和典书坊,门下坊以中庶子领之,统殿内、典膳、药藏、斋帅等局。典书坊以庶子领之,统典经

魏征雕像

第四章 中国古代的其他官制

坊等。隋代沿置门下、典书二坊，分别领于左右庶子。左右卫之外，增置左右宗卫、左右虞侯左右内率、左右监门等侍卫武官。

唐时在三师、三少之下，置太子宾客，掌侍从规谏，赞相礼仪；又置侍读，掌讲导经学。置詹事府，比尚书省，高宗时曾改为端尹府，统三寺十率府之政。三寺是：家令寺，掌饮膳、仓储；率更寺，掌宗族次序、礼乐、刑罚及漏刻之政；仆寺，掌车舆、乘骑、仪仗、丧葬等。十率府是：左右率府、左右司御率府、左右清道率府、左右监门率府、左右内率府。每率府内又分若干曹，有仓曹、兵曹、胄曹、骑曹等。仓曹掌文官簿书，兵曹掌武官簿书，胄曹掌器械、公廨（官署）营缮。改隋代门下坊为左春坊，比门下省；改典书坊为右春坊，比中书省。左春坊由左庶子、中允掌管，右春坊由右庶子、中舍人掌管。于左右春坊内增设司议郎、左右谕德、左右赞善，皆掌谏议。还在左春坊设崇文馆，有学士两人，掌经籍图书，教授诸生。另有司经、典膳、药藏等局。司经局掌管图书经籍，主官为洗马。唐初著名政治家魏征，就做过太子李建成的洗马。

宋初，太子师傅及宾客，多以宰执或前任执政兼任。詹事亦多以他官兼之。左右庶子，左右谕德不常设。侍读、侍讲各置一人。皇太子读书之所，置翊善、赞读、直讲、说书、皇太子宫小学教授、资善堂小学教授等员。辽时南面官置太子三师府，太子宾客院、太子詹事院、太子司直司、左右春坊、太子率府等。金以宫师府总太子事务，詹事院、三寺、十率府皆归其管辖。元代以储政院总管太子事，设院使、同知、佥事等官员，其属有家令司、府正司（掌鞍辔弓矢等物）、延庆司（掌修建佛事）、典用监（掌财物保管和供应）、典医监、典牧监、典宝监等。明代詹事总领府、坊（左右春坊）、局（司经局）之政事。左右春坊置大学士各一人。詹事多由他官兼掌。英宗以前，或尚书、侍郎、都御史；宪宗以后，皆由礼部尚书、侍郎中翰林出身者兼掌之。清康熙以后，照例不立太子，但詹事府仍然设置，其职掌为文学侍从，或经史文章之事。其官原可不设，但保存下来可作为翰林官叙进之阶。

宦官制度的形成与发展

宦官是在宫禁内苑中服侍帝王及后妃生活的男人的总称。"天文有宦者四星，在帝座之西"，说明不论从传说中的天文现象，抑或是在皇室政治中，宦者都是帝王身边的亲信之人。最初的宦者不完全是经过阉割的男人，一些未成年的男子和有族姓的士人内侍也称宦者。郑玄在注《周礼》时，将宦者和阉竖分别解释，指出宦者、阉、竖是三种人。东汉"中兴之初，宦官悉用阉人，不复杂调它士"，从此，宦官才成为经过阉割之后，在帝王和后妃身边服务的男人的专门称呼。

秦汉时期，宦官组织隶属于少府、大长秋等卿，其中少府属下的宦者、黄门、钩盾、永巷（掖庭）、御府、内者等令、丞所管辖的官署，统领诸宦者管理宫中各种生活事务。这些部门的长官虽然还没有明确规定必须由宦者担任，但已经有一部分宦者充当其中职务，正处在逐步过渡的过程中。

东汉的宦官全部由阉人担任，一定程度上促使宦官作为专门而独立的组织而成立。在隶属关系上，宦官组织还是归少府统辖，但已经加上"文属"的字样，表示宦官组织相对独立。东汉的宦官机构虽然有所省并，但增加了中常侍（掌侍左右，出入内宫，赞导众事，顾问应对）、黄门（掌侍左右，受尚书事，上在内宫，关通中外，及中宫门下众事）、中黄门冗从仆射（主中黄门冗从，居则宿卫，值守门户；出则骑从，夹乘舆车）、中黄门（掌给事禁中）等管理政务承传和武装宿卫的机构和人员，在制度上给宦官登上政治舞台提供了便利条件。

大长秋名义上是隶属于皇后管辖的卿，是主管内宫事务的官员。大长秋属下有中长秋、私府、永巷、仓、厩、祠祀、食官等官署，由宦者充任。汉代制度，皇太后别宫居住，按照居住的宫名而设少府、太仆、卫尉等官，号称"太后三卿"，由宦者充任，位秩稍逊于九卿。东汉隶属于皇后的官属都加"中宫"二字，是宦者的专职。中宫最高长官为大长秋（职掌奉宣中宫命），统领中宫仆（主驭）、中宫谒者令（主报中章）、中宫尚书（主中文书）、中宫私府令（主中藏币帛）、中宫永巷令（主宫人）、中宫黄门冗从仆射（主黄门冗从）、中宫署令（主中宫请署天子敕）、中宫药长等官署。在女主临朝，"称制下令，不出房闱之间，不得不委用刑人，寄之国命"的时候，在皇帝信任宦官而委以重任的时候，一些宦官的权势急剧膨胀，成为"手握王爵，口含天宪"的掌权者。

魏晋惩东汉宦官为祸，长秋官改为由士人担任，减少宦官的人数，罢去宦官兼主政务的官职和官署，加强对宦官的控制和管理。北魏时，除设立长秋官之外，增设内侍长一职，掌顾问、拾遗、应对，恢复了部分宦官的参政，

第四章 中国古代的其他官制

宦官势力又开始增强。北齐增设中侍中省，与长秋寺共掌诸宦官。隋合并为内侍省（曾经改为长秋寺），成为独立的宦官机构，与尚书、内史、门下、秘书同为五省而并列。

唐设内侍省，省署设在皇城北侧，紧靠宫城。内侍省设有内侍（掌内供奉、宣制令）、内常侍（通判省事）、内谒者监（掌仪法、宣奏、承敕令及外命妇名帐）、内给事（掌承旨，分判省事）、谒者（掌诸亲命妇朝集班位）、典引（掌出入导引）、寺伯（掌纠察宫内不法）、寺人（掌皇后出入执御刀冗从）等显耀之职，俱由宦官担任。此外，内侍省还统属掖庭（掌宫人簿籍）、宫闱（掌宫内门禁）、奚官（掌宫人疾病死丧）、内仆（掌宫中供帐灯烛）、内府（主中藏给纳）等五局。唐代初期，虽然设置了较为庞大的宦官组织机构，赋予宦官一定承敕宣奏权，但没有给他们实权，因此宦官在政治上的作用还不明显。到唐玄宗时，因宠信宦官高力士，"每四方进奏文表，必先呈力士，然后进御，小事便决之"。从此，宦官的权力和作用由轻渐重，逐渐担任供奉、监军、出使、教坊等要职。安史之乱后，皇帝"不欲武臣典重兵，其左右神策、天威等军，欲委宦者主之"。由此，宦官便"内则参秉戎权，外则监临藩岳"，军政大权在手，内侍省则俨然以"北司"的名义凌驾于各机构之上。

宋代有入内内侍省和内侍省，号称"前后省"。两省各有分工，而入内内侍省最为亲近。按规定："通侍禁中、服役亵近者，隶入内内侍省。拱卫殿中、备洒扫之职、役使杂品者，隶内侍省。"两省分别设有都知、押班、供奉官、黄门等职，有160人的定员编制。此外，皇帝还经常委派宦官在编制之外担任临时的官职，俗称"内使"，而且其职掌涉及政治、军事、外交、经济、文教等各个方面。南宋时，将两省合并为一，编员最多时曾经达到250人，但对宦官的监督限制较严，缩减了许多编外人员，明令"中官只令承受宫禁中事，不许预闻他事"。辽、金、元是少数民族建立的王朝，在设官上既承袭汉族政权的部分名称，又保留自身民族的特点。从设官来看，这三个王朝都对宦官有严格的限制，但在实际上，官制并不能约束宦官，因为君主宠信的宦官常常被委以临时职任，有些还被授予大将军、三公等尊荣的官爵。

明代的宦官组织直接归皇帝统辖，机构极为庞大。计有十二监、四司、八局，统称二十四衙门。十二监是指：司礼监，主要掌内外章奏文书，照阁票批朱；内官监，掌营造宫室陵墓及铜锡器用；御用监，掌造办御用器物；

御用监制造的御用花瓶

司设监,掌卤簿仪仗帷幕;御马监,掌草场、牧马及象房;神宫监,掌太庙洒扫;尚膳监,掌宫内御膳筵席;尚宝监,掌符玺印信;印绶监,掌宫中图籍及诸符验;直殿监,掌宫内殿廊扫除;尚衣监,掌御用冠服靴履;都知监,初掌各监文书往来督催,后改掌驾前清道、警戒;四司是指:惜薪司,掌薪炭;铜鼓司,掌出朝铜鼓及内乐杂戏;宝钞司,掌造粗细草纸;混堂司,掌沐浴;八局是指:兵权局,掌造军器;银作局,掌打造金银器饰;浣衣局,掌洗衣及罪废年老宫女;巾帽局,掌宫内所用靴帽;针工局,掌造宫中衣服;内织染局,掌染织;酒醋面局,掌宫内食用酒糖酱及面豆等;司苑局,掌瓜果蔬菜。

除二十四衙门之外,还有:内供用库,掌贮油米腊香料;司钥库,掌贮制钱;内承运库,掌贮金银珠宝;甲字库,掌贮丹朱水银诸物;乙字库,掌贮奏本等用纸;丙字库,掌贮丝绵布匹;丁字库,掌贮生漆桐油;戊字库,掌贮弓箭盔甲;承运库,掌贮黄白生绢;广盈库,掌贮罗纱;广惠库,掌造贮巾帕梳刷钱钞;赃罚库,掌没收官私财物;御酒房,掌造御酒;御茶房,掌奉御茶、瓜果及御膳;牲口房,掌收养异兽珍禽;刻漏房,掌报时刻;更鼓房,掌有罪内官以司更鼓;甜食房,掌造办甜点;弹子房,掌弹弓泥丸;灵台,掌观天文灾祥;涤作厂,掌造各色绶丝带;盔甲厂,掌造军器;安民厂,掌造铳炮火药;京城、皇城、宫城诸门正,掌晨昏启闭及关防出入;东厂,掌刺缉刑狱之事;西厂,掌同东厂,不常设;内行厂,掌同东厂,设而又废;京营,监管京城诸营军;文书房,掌收发登记章奏谕旨;礼仪房,掌宫内吉礼;御前近侍,掌随朝捧剑;南京、天寿山、承天府守备,掌该地护卫;各省镇守,掌监各地方军政,嘉靖时革除;南京、苏州、杭州织造,掌

第四章 中国古代的其他官制

织造御用龙衣；广东、福建、浙江市舶司，掌通商，后仅留广东一司；仓场监督，掌监全国各仓、场；诸陵神宫监，掌各陵看守洒扫。

上述机构，最多曾经统领过十多万名宦官。此外，还有许多不常设但实际上拥有很大权力的监军、采办、粮税、矿、关等难以统计的御派职务，其人员曾经遍布天下，权力凌驾于诸司衙署之上。明代宦官组织涉及领域之广，规模之大，都是前所未有的，实际上已经成为皇帝直接统属下的，与朝廷几乎是既平行而又相为表里的另一套统治机构。

清朝初年，宦官归内务府管辖。入关后，曾建立宦官十三衙门，即司礼监、御用监、御马监、内官监、尚衣监、尚膳监、尚宝监、司设监、尚方司、惜薪司、钟鼓司、兵杖局、织染局，是明代二十四衙门的省并。康熙时，鉴于宦官为祸，废除十三衙门，将宦官重归内务府管辖，内务府下设敬事房，专门管理宦官事务；内务府的慎刑司，对不法宦官有先拿后奏之权。比较有效地限制了宦官权力的扩大。

历史上的宦官专权

综观历史上宦官能得以重用，干预朝政，其原因大体如下：（1）专制主义中央集权强化的结果。如上所述，皇帝要实行专权，无非以近臣、内侍钳制、排斥外朝大臣，以内朝官侵夺外朝官实权，因此作为皇权的延长物——宦官就成为较合适的力量。（2）宦官出身低微，又没有子嗣，减少了帝王对他们盗权窃柄的顾虑，又便于随时更换。（3）宦官接近皇帝，能揣测皇帝意图，贯彻皇帝旨意。（4）宦官往往长期服侍皇太子，与他们朝夕相处，取得了亲近感、信任感，皇太子日后登基即位，宦官自然成为亲信。（5）从心理上分析，宦官因是"刑余之人"，生理上有缺陷，受社会歧视，有压力感、自卑感，处于等级森严社会最底层的他们，有强烈的自我表现欲望。一旦得权，便充分施展权术，因此，中国历史上宦官专权的频率要比外戚干政多，其政治危害也更大，历代士人视"阉宦之如毒蛇猛兽"。

中国历史上宦官专权主要在三个时期：东汉、唐中后期和明中叶后。这三个时期出现宦官专权都有特殊的原因和背景。

1. 皇帝为抵制外戚势力的膨胀重用宦官。东汉和帝10岁即位，窦太后临朝，其兄窦宪受命为侍中，内管机密，出宣诰命，实际上掌握政权。窦氏党

宦官郑众的画像

徒充斥朝廷，或任朝官或为守令，权势显赫。和帝在深宫与内外臣僚隔绝，可以依靠的只有贴身的宦官。永元四年（92年），他用宦官郑众掌握了一部分禁军，消灭了窦氏势力。郑众从此参与政事，并被封为鄛乡侯。东汉宦官用权和封侯以郑众为始。

安帝13岁即位，政权操纵在邓太后和她的兄弟邓骘等人手中。邓太后死，安帝与宦官李闰、江京等合谋，消灭了邓氏势力。此后李闰、江京等人大权在握，而皇后阎氏兄弟阎显等也居卿校之位，形成宦官、外戚共同专权的局面。至后，宦官孙程等十九人，拥立11岁的济阴王为帝（顺帝），并杀掉阎显。顺帝时，孙程等十九人皆得封侯，宦官权势大增，后顺帝扶植外戚势力制约宦官，相继封梁皇后父兄梁商、梁冀为大将军。顺帝死后，梁太后和梁冀先后立冲（2岁）、质（8岁）、桓（15岁）三帝，梁氏一门专权达20年之久。延熹二年（159年）梁皇后（桓帝后，梁冀妹）死后，桓帝又联合宦官单超等人合谋消灭梁氏，梁氏死后，宦官又独揽大权，同日封侯者五人，他们"手握王爵，口含天宪"，权势达到顶点。

2. 统治阶级内部危机四伏，皇帝不信任朝廷文武大臣，而让宦官掌机密，统率禁军，致使宦官得以拥兵自重，专权干政。唐代宦官用权开始于唐玄宗时的高力士，他得到玄宗的宠信，拥有批阅奏章、宣谕帝命的大权。宰相李林甫、杨国忠都要看他的脸色行事，安禄山取得玄宗的信任也得益于他的推荐。宦官用权，奸臣当道，造成内轻外重的藩镇割据，其结果是导致了安史之乱。安史之乱后，肃宗因侍奉他的宦官李辅国有拥立之功，同时又顾忌大将拥兵自重，不受节制，封李辅国为元帅府司马，这是宦官参与军政的开始。德宗时又因河中节度使李怀光等叛乱犯阙，两次避难于奉天、梁州等地，使他不敢把军权交给在外领兵的节度使。贞元十二年（796年）德宗因宦官窦

第四章 中国古代的其他官制

文场、霍仙鸣等立有战功，提升他们为左右神策军护军中尉，统领禁军，自此，宦官掌管禁军的权力成为定制。同时，由皇帝直接派遣宦官出任地方藩镇的监军制亦普遍推行，这样宦官掌握军政大权之势遂不可拔。此外，由宦官充任宣王命的枢密使也掌握了朝廷机要大权，把持朝廷内外军政大权，其所造成的政治后果是皇权的旁落和宦官的专权跋扈。自宦官掌军政大权后，连皇帝的废立也全由宦官做主，唐后期九个皇帝中，宪宗和敬宗被宦官所杀，其余七人均由宦官拥立，使皇帝成了宦官的股掌之物。

3. 皇帝长期荒嬉怠政，不问政事，不见朝臣，致使宦官得以利用机会擅权掌政。明朝开国初，朱元璋曾严令不许宦官参政，并在宫中铸立铁牌："内臣不得干预朝政，预者斩。"他还规定，宦官不得识字读书，品秩不得超过四品。后来朱棣发动"靖难之变"，"内臣多逃入其军，漏朝廷虚实"，给朱棣登上皇位不少支持。夺取政权后，他开始派太监参与"出使、专征、监军、分镇、刺臣民隐事"。明宣宗即位后，为防范叔父朱高煦私通朝臣谋取帝位，便起用心腹宦官监视朝臣；宣宗死后，英宗即位，太监王振权倾朝野，英宗尊称其为"先生"，朝臣谀誉为"翁父"。明中叶后的几个皇帝或迷恋于声色犬马、宫中淫逸，或沉湎于求仙炼丹、兴殿造宫，长期不理朝政。明宪宗在位二十三年，仅成化十年（1474年）召见大臣一次，大权落至宦官汪直之手，人称"只知有汪太监，不知有天子"。武宗在位十六年，一次也没有召见过大臣，大权控制在太监刘瑾手里，人称"刘皇帝"。神宗在位四十八年，有二十余年不召见大臣议政。熹宗时的魏忠贤，更是炙手可热，权势达到顶峰，魏忠贤"目不识丁"，仅靠与熹宗乳母客氏的特殊关系，"身受三爵，位崇五等，极人臣未有之荣"。一些无耻之徒争相为他在各地建立"生祠"，皇帝完全成了太监手中的傀儡。明代宦官专权主要表现在如下几点：第一，控制厂卫进行特务活动；第二，参与三法司案件的审查，窃据部分司法大权；第三，出任京营及各镇的监军，分割军权；第四，司礼监代拟谕旨，擅作威福，窃取了部分皇权。明代宦官专权达到了顶点。

唐代的谏官制度

谏官是为专门纠正君主过失而设的官员。早在西汉时，封建统治阶级为适应封建专制的需要，就设有散骑、谏大夫，专司谏争，东汉时称谏大夫为

121

谏议大夫，这是隶属光禄勋的谏官。谏官制度是专职监察皇帝的制度。其之所以能绵延几千年，是中国古代政治制度的基本属性使然，在某种程度上弥补了由于帝王独断而可能造成的对王朝根本利益的损害，使一些皇帝迫于言论，不得不收敛自己的行为。谏诤是以帝王之"舟"免遭覆没为目的，以"忠君"为准则的，出发点是为了统治者的长治久安。韩非子把向皇帝进谏称为"批逆鳞"。要是揭到皇帝的痛处，君上龙颜大怒，谏官就会有生命之忧，所谓"武死战，文死谏"，虽是对臣下百官的职业要求，但同时也说明了这种职业的政治风险性。

　　唐代是我国古代监察制度的成熟期。在具体的机构设置上，御史台和谏官机构分置，唐代的监察官也就分为台官和谏官。台官和谏官的职责有明确分工，"御史掌纠察官邪，肃正纲纪。谏官掌规谏讽谕，凡朝政得失，大臣至百官，任非其人，三省至百司，事有失当，皆得谏正"。具体负责诤正的谏官有中书门下两省的谏议大夫、给事中、起居郎，以及左右拾遗、左右补阙等。谏议大夫一般四至八员，正四品，是唐代最重要的谏官，掌"侍从赞相，规谏讽喻（谕）"，随时指正皇帝得失。给事中又称西台舍人，定额四员，正五品，具有封驳权、部分司法权、人事审查权，权力较大。魏征曾经担任过给事中。补阙、拾遗无定员，品级不高（补阙为从七品，拾遗为从八品），但是谏正责任非轻，"朝廷得失无不察，天下利病无不言"，大事可以当朝谏议，小事可以上奏皇帝。

　　因其职责重大，台谏官的选任备受统治者重视，制定了完备的选拔标准。首先，出任谏官的官员应该刚正不阿，直言敢谏，"必先质重勇退者"，生性胆小怕事明哲保身者则不宜担任监察官员。文宗时，"宰相李固言荐（韦）温给事中，帝曰：'温素避事，肯为我论驳乎？须太子长，以为宾客。'"可见唐文宗不认可韦温的品性。其次，谏官要学识兼具，明于礼仪。唐代台谏官的选拔则更倾向于科举出身者。最后，谏官要有地方（基层）任职经验。只有具备在地方州、县或朝廷基层部门任职的经历，才能体察民情，了解为政之要，一旦身居台谏机构，就能有针对性地施行监察和讽谏。因此，唐朝廷曾多次强调："凡官，不历州县，不拟台省。"

　　对于谏官的选任，唐代明确规定了对谏官的选任制："五品以上，以名上中书门下，听制授其官。六品以下，量资任定。其才职颇高，可擢为拾遗、补阙、监察御史者，亦以名送中书门下，听敕授。""五品以上皆制授，六品

第四章 中国古代的其他官制

以下守五品以上视五品以上皆敕授。凡制，敕授及册拜皆宰司进拟，自六品以下旨授，其视品及流外官皆判补之。凡旨授官悉由于尚书，文官属吏部，武官属兵部，谓之铨选，唯员外郎、御史及供奉之官则否。"唐代五品以上的台谏官如御史大夫、御史中丞、给事中、谏议大夫、散骑常侍等皆为君主制授，而三院御史以下，补阙、拾遗则为敕授。不论制还是敕，都由宰相进拟名单，君主亲自确定。君主看中的人选，往往也会被破格擢用。贞观初年，唐太宗任用秉公执法、不避权贵的张行成为殿中侍御史，对宰相房玄龄说："观古今用人，皆因媒介，若行成者，朕自举之，无先容也。"武后时，傅游艺"迁左补阙。武后夺政，即上书诡说符瑞，劝后当革姓以明受命，后悦，擢事中"。君主虽然大多数时候只是对进拟的谏官人选予以最后确认，但他们随时随地又有权力亲自选拔监察官吏。

谏官不是满足上述条件的所有官员都可以充当的。有些官员不便于充当谏官。如宰相的亲戚或子弟不能担任谏官。这是为了防止谏官的言行被宰臣左右，以保证谏官的独立性。宰相以前的僚属不宜居谏职。这在一定程度上遏制了宰相对谏官选任权力的垄断，避免了行政权与谏正权的相互羼越。

白居易在论及唐代谏官设置的必要性时说："臣闻天子之耳不能自聪，合天下之耳听之而后聪也。天子之目不能自明，合天下之目视之而后明也。天子之心不能自圣，合天下之心思之而后圣也……故立谏诤讽议之官，开献替启沃之道，俾乎补察遗阙，辅助聪明。"这可谓对设立谏官目的的恰当解释。具体而言，谏官的职权，一是可以封驳诏书、约束皇权的非理性延伸。唐太宗时，下令男子18岁以上者必须从军服兵役。给事中魏征认为这样一来，势必影响农耕，因此就封驳了诏书。结果敕书发出四次，魏征驳回四次，最后太宗收回成命。大臣长孙无忌误带佩刀入朝，太宗不追究长孙无忌的过失，反而两次下诏要斩监门校尉，认为监门校尉失职。谏议大夫戴胄据理谏争，两次驳回诏书，结果监门校尉免于被杀。贞观四年，唐太宗想修洛阳宫，给事中张玄素上书驳议，认为全国要形成节俭之风，"陛下宜以身先"，太宗只好作罢。二是谏官可以参政。唐初定制，谏议大夫可与宰相一起与皇上论国事，而门下给事中又直接掌握封驳大权，补阙和拾遗也有参与朝会和直接上书皇上的权力。697年，契丹攻陷河北诸郡，事后在朝廷会议上武则天的侄儿武懿宗认定河北百姓私通契丹，要对他们大开杀戒，左拾遗王求礼当面廷争，坚决反对，此事作罢。元和时白居易为补阙官，在讨论朝廷大政得失时，也曾经多次犯颜而争。三是记录天子的言行起居,由起居郎负责。起居郎把皇帝的一举一动全部记录下来,无论善恶好坏,一律秉笔直书,无所曲笔,并且皇帝不能知道内容。皇帝害怕自己的荒谬言行被载入史册,"垂诸久远",不得不收敛自己的言行。这样同样起到了"戒人主不为非法"的目的。

翰林学士

自唐宋之后,文人学士大多与"翰林"二字有直接或间接的关系。以四川而论,从唐代的诗仙李白到现代的学者赵熙都入过翰林。今天凡是接触古代文化,也常常与翰林打交道。一般人都知道一些有关翰林的情况,但又不太清楚。这是因为古代"翰林"二字含义较广,并非如"秀才"、"举人"那样单纯。

翰字"从羽",其本义是锦鸡,《说文》训"天鸡赤羽也",就是今天在山区还可以见到的以红色羽毛为主的野鸡。这是四川几千年来的特产,《逸周书·王会》中叙述各地向周王进贡的方物,就说"蜀人以文翰",这里的"文"是纹彰之义。引申之,鸟的羽毛称翰,以羽制成的笔称翰,而以毛笔所写的文辞也就称翰。故而《南史·萧介传》有"染翰便成"之文,这里的"翰"应当训为笔;同书《王俭传》有"甚娴词翰"之文,这里的"翰"就应训为文辞了。四川的大文豪扬雄在《长杨赋》中第一次以"翰林"二字为词,表示文章词赋之多如林。以后陆机在《文赋》中再有"郁云起乎翰林"之语。于是,"翰林"一词日渐流行,凡文章或文士之盛均可称为"翰林",有如今日之"文荟"、"文汇"、"文坛"、"士林"。与此同时,"翰墨"一词亦逐渐流行,

翰林学士——李白

第四章 中国古代的其他官制

表示笔墨、文章、书画、文笔生涯等义。故而"翰林"之近义词有"翰墨林"、"翰苑"、"墨林"、"笔墨林"等,在诗文中经常可见。如张说有"东壁图书府,西园翰墨林"之句;岑参有"汲引窥兰沼,提携人墨林"之句;陆贽有《翰苑集》之作;宋高宗有《翰墨志》之作,其含义都是大体一致的。

以上,就是作为鸟名的"翰"成为文人之称的由来。

就在翰林一词广为流行的唐代,玄宗初年在禁中设置了"翰林院",作为安置为宫廷服务的各种有技术的内廷供奉之处。《旧唐书·职官志》明确称:翰林院者,"待诏之所"。故开初不称为学士,而称为"翰林待诏"、"翰林供奉"。如著名的诗人、学者张说、陆坚、张九龄、徐安贞等就是。不过唐代的翰林院中包括天文、书艺、图艺、医官四局,各种知识分子均包纳其中。到玄宗开元二十六年(738年),又从翰林院中分出学士院,将翰林院中的翰林供奉,即长于诗文的学者,或者说当时的笔杆子集聚于"学士院"中,称为"翰林学士",其职责是作为皇帝的文学侍从,备顾问,拟文稿,如《唐会要》卷五十七所说,"内参谋猷,延引讲习,出入舆辇,入陪宴私"。大诗人李白就是唐代有名的翰林学士。严格来说,唐代的翰林学士并不是正式的官职,既不计官阶,也无办公的官署和固定的薪俸。但是他们既是皇帝的秘书班子,又是皇帝的顾问班子,故而地位颇高。早在武则天治国时,尚无翰林院或学士院之设,她就很重视文士,她的主要顾问班子就是历史上有名的由宫禁北门出入的"北门学士",开了以后翰林学士参政之先河。中唐以后,翰林学士经常值宿内廷,如果被加上"知制诰"的头衔,便正式取得为皇帝起草各种诏令的资格,常侍皇帝左右,成为真正的实官,权力更大,有"内相"之称。又如《谷山笔麈》卷一所说,"开元二十六年,始从翰林供奉改称学士,别建学士院于翰林院之南,俾专内命。至德以后,天下用兵,深谋密诏,皆从中出,翰林学士例置六人,以年深德重者一人为承旨,以独当密命故也。贞元以后,为承旨者,多至宰相"。如陆贽、郑细、裴珀、李绛等都是这类人物。"永贞革新"时有名的"二王八司马"中的王叔文和王伾,也都是翰林学士。

翰林学士(包括此前的翰林待诏)的班子建立以后,经常为皇帝起草各种文件,这其中当然有不少作为命令的制诰,而且是在宫中皇帝身边完成,由宫中发出。而过去起草制诰多是由中书省的中书舍人负担、由宫外的中书

125

门下发出的。现在成了两种渠道,一般就分别称之为"内制"与"外制",而且内制比外制重要(这种情况一直保持到宋代)。我们在阅读古代文献时所见到的内制、外制,或合称"两制",就是这样来的。

宋代将翰林院与学士院合并称为翰林学士院(新设有翰林书画院),与三省(门下、中书、尚书省)和枢密院并列,地位很高。从宋代起,翰林学士院又被称为玉堂(据《汉书·李寻传》及颜注所载,汉代待诏之地叫玉堂署,在未央宫中,翰林也是待诏之官,故名),而且一直沿用到明清。宋代翰林学士院中的翰林学士是正三品的实官,大文豪苏东坡就做过翰林学士,故而后世有称他为苏学士的。翰林学士如果加"知制诰"衔,就成为代皇帝起草文告的专职秘书。另设翰林侍读学士、翰林侍讲学士,乃是经筵讲官(按:"侍读"之名,南朝萧齐时就已有所载,著名的陶弘景就任过宜都王萧铿的侍读,但正式设侍读学士、侍讲学士,则始自宋真宗时),其任务是在皇帝面前进读书史。总之,作为顾问班子,参与机要的作用已经被削弱。元代改翰林学

翰林学士——苏东坡

第四章 中国古代的其他官制

院为翰林国史院,学士们的任务除起草文告之外还要编修国史,过去的参与机要的作用基本上已经不复存在了。元代由于是蒙古族掌握政权,所以专门从翰林国史院中分置蒙古翰林院,主管各种文书的译写工作,并管理蒙古国子监和蒙古国子学的教学事务。

到了明代,将元代的翰林国史院改名为翰林院,院中的翰林不再如唐宋那样包括书画、医卜等各种人才,而"专门处文学之臣"(《廿二史札记》卷三十四《明代文人不必皆翰林》),这种情况一直延续到清代。翰林院主要职责与元代相似,就是记载起居注、编修国史、为皇帝进讲、教太子读书,也草拟有关典礼的文件,但不再参与机要,不再草拟有关政令的文告。所以,权力与作用均不如前代,较之唐代更是大大降低,基本上是国家的一个人才储备库。每次大比之后,就选拔一批人才入翰林院,待国家需要用人之时再从中择取分发。翰林学士既然不再参与政务,故而其官品也从元代的正二品降为正五品。但明代的大学士必须以翰林为本官,除少数例外,必须要有翰林出身。所以,明代翰林的官品虽不高,但翰林的社会地位并不低。

清代的翰林院与过去各代均有所不同。一方面,除了翰林院掌院学士多数时候均由礼部侍郎、少数时候由大学士或礼部尚书兼任为兼职外,院内有侍读学士、侍讲学士、侍读、侍讲、撰文、秘书郎、修撰、编修、检讨和庶吉士等,统统可以称为翰林。他们除了偶尔撰写一点应制的典章文告之外,基本上无公可办。清代为皇帝起草文告是由南书房、军机处负责的。"侍读"、"侍讲"只是官衔,并非要按时进宫去侍读或侍讲(实际上进讲之官是由翰林出身的大臣担任的,称为经筵讲官)。所谓"修撰"、"编修"也没有多少固定的修撰任务(记起居注或修国史,在翰林院下专设有起居注馆和国史馆)。翰林们的官品也不高,掌院学士才是从二品,不如六部的一个侍郎,而大多数翰林只有七品。翰林的俸禄也很低,可另一方面,清代翰林的社会地位又极高,可谓备受崇敬,各方称羡。甚至在服装上都比其他官优越。例如,清代规定要二品官方可穿貂皮,五品官才能挂朝珠,唯翰林官不在此例。大臣死后,一般都赐给谥号,但不是翰林出身就不得以"文"字为谥,可见连死后的翰林也比一般人优越。

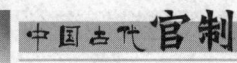

主簿的职能

  主簿是官府主管文书、簿册的官。战国时期秦国的郡已有设置。汉代三公、光禄勋、卫尉、州、郡、县等官署皆置主簿，典领文书，掌管印鉴，处理日常事务，为掾史之首。魏晋以后，诸公及位从公开府者、九卿、太子属官、州、郡、县多置主簿。军府中的主簿，参与机要，总领府事。主簿与参军同为要职。唐初，改州主簿为录事参军事，玄宗时，又改为司录。唐宋以后各官署及州县虽仍存此名，但职任渐轻。明清两朝各卿寺亦有设主簿的，或称典簿。外官则设于知县以下，与县丞同为佐官，不过常常省并。

第五章

官吏的选举和任用

国家机器在运转过程中,需要不断更新人员,以保证自身统治的延续。而这个更新的过程就是官吏的选拔与任用,历朝历代对此都十分重视。

第一节
中国古代官吏的选举

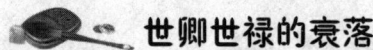 **世卿世禄的衰落**

在古代社会中,有各种各样地位与职能的大小官职,有很多人陆续进入官场,担任了官职。那么,他们是如何得到这种职务的呢?什么样的人才能做官呢?这就涉及古代的"任官"制度。

我国在夏代就已建立国家机器,但情况不明。殷代的情况从甲骨文的材料中考察,已能知其官制的概况,有"殷正百辟",即殷王直接统治地方的各种职官,有"殷边侯甸",即被征服、被控制的广大地区的诸侯以及诸侯下面的职官。这些职官是如何产生的,目前还缺乏材料给予具体的说明,大约有两种情况:第一种是主要的,就是殷王室的大小奴隶主贵族以贵族的地位与身份被殷王直接封以官职。他们一般都是子孙世代为官,虽然不一定是同样的官,虽然他们也可以图清闲,只享受贵族待遇而不当官,但他们总享受着当官的权利。这就是世官制。另一种是次要的,即从非世袭贵族中挑选个别有才能的人来做官,如善于烹饪而得到成汤信任的伊尹,"汤举任以国政"(《史记·殷本纪》),就是著名的一例。这可以说是后代察举制的先声。世官制和察举制都是我国古代长期实行的任官制度,它们都有一个特点,就是完全由国君或诸侯凭自己的意志来决定,没有什么制度或程序的约束。这是初期的任官制度。西周和春秋的任官制度与殷代大致相似,到了战国时期才发生了较大的变化。

世官制是西周和春秋时期的主要任官制度。根据当时作为政治制度的基础的宗法制和分封制,贵族们按王、诸侯、卿大夫、士的等级从分封中

第五章　官吏的选举和任用

得到土地和被剥削的劳动人手，这些诸侯、卿大夫、士也就成为自己领地上的军事与行政长官，其中部分人又可以充任周王朝的中央政府各部门即"内服"百官。同样，卿大夫也可以充任诸侯国中的各种官职。例如，西周初年，周公的儿子伯禽，他既担任中央王朝的"师"、"保"，辅佐周王"尹三事四方，受卿事寮"，即统领百官；可是他又是被分封的鲁国诸侯，是鲁国的最高统治者。另一位大贵族姜尚，也曾在中央做"师"，被称为"师尚父"，但他又被封于齐，是齐国的第一个国君。他们的子孙后代，一直享受着担任不同官职的特权。所担任官职的大小，一般根据爵位的高低来决定，即所谓"爵以建事"（《国语·晋语八》）。继承祖先为官的记载，在西周金文材料中如"嗣乃祖"、"井（通型）祖考"之类比比皆是。由于担任职官的贵族以卿大夫这一级为最多，所以古人又称这种世官制叫"世卿世禄制"（最典型的例子，是晋国六卿执政，后来终于"三分公室"，把晋国一分为三了）。后来，卿、大夫也就演变成为职官的称呼了。大家比较熟悉的春秋时太史秉笔直书"崔杼弑其君"的故事：齐国的那位太史被杀，其弟接着担任太史，其弟被杀，另一个弟弟又接着担任太史之职。这也是世官制的典型材料。

姜尚雕塑

与世官制相配合的，在西周与春秋时也有从下面选拔少数人才做官的事例，即所谓"选贤与能"、"乡兴贤能"。当时不称为"察举"，而称为"选举"，若诸侯发现人才之后荐于王室或自己任用，则称"贡士"、"举士"。这些偶然被选拔的人才，一般只能担任基层的官吏，大贵族是不会让这些小人物执掌大权的。清代学者俞正燮在《癸巳类稿》卷三《乡兴贤能论》中有段话对此讲得比较透彻："太古至春秋，君之所任者，与共开国之人及其子孙。上士、中士、下士、府、吏、胥、徒，取诸乡兴贤能，大夫以上皆世族，不在选举也……古者继事之君，又不敢得罪于巨室也。"当然，到了春秋末期，情况逐步有所变化，"士"这个阶层中的不少人才经过种种努力，经过有权者的推荐，也可能被授予较高的官职，如齐国的管仲、宁戚，秦国的百里奚、蹇叔等都是其中突出的例子。特别是孔子，他不仅本人是"三月无君，则皇皇如也"，而且劝其弟子"学干禄"，认为"学也，禄在其中矣"。事实上这是当时政治生活中发生大变动的一种反映。战国时苏秦、张仪等人游说自荐而居相位，更是突出的例子。

"春秋之中，弑君三十六，亡国五十二，诸侯奔走不得保其社稷者，不可胜数。"原来的贵族世家也"后属疏远，相攻击如仇雠"。在这个社会大变动时代，世卿世禄制不可能继续维持，新兴的封建地主阶级逐渐走上政治舞台，他们当中不少人并非出身世卿世禄家庭，而是凭借自己逐渐发展起来的经济实力，凭借自己的文才或武功。他们要想获得一部分政治权力，就必须要打破传统的任官制度，实行新的任官制度。这样，从春秋后期到战国末年，我国的任官制度出现了很大的变化，其中心是世官制受到猛烈的冲击和军功爵制、察举制的抬头，也可以说是封建地主阶级官僚制度的逐渐形成。

秦的选官制度

战国时秦的选贤任能官僚制度极为健全。秦统一全国前，制定了一套任免官吏的法律制度。对官吏的选用条件、任免、考核、奖惩等都有详细的规定。这一法规，到秦统一中国后，进一步推行到全国，使全国官吏管理进一步制度化。秦规定了选拔官吏的标准和条件，这就是：

1. 忠君的政治标准。"君怀臣忠，政之本也"。要求封建官吏忠于君主，

第五章 官吏的选举和任用

维护皇帝专制，巩固统一的政权。这是根本的标准。

2. 德才标准。提出了"审民能，以任吏"，"任人为善"的任吏标准，即根据能维护地主阶级利益，能维护封建政权，贯彻地主阶级的法令的德才标准，来任命官吏。

3. 品格与作风标准。规定了封建官吏必须具备的基本品格与作风："凡为吏之道，必精洁正直，谨慎坚固，审悉毋私，微密纤察，安静毋苛（烦扰），审当赏罚。"在这一总要求下，还做出了守则性的"五善"、"五失"的规定。

"五善"为："忠信敬上"，就是忠顺朝廷，尊敬、服从上司、主官；"清廉毋谤"，就是要廉洁奉公，不以权谋私，贪赃枉法，工作要任劳任怨；"举事审当"，即办事要谨慎、妥当；"喜为善行"，即思想境界要高，要自觉地多做利国利民的好事；"恭敬多让"，即凡事谦虚礼让，与同僚之间要和睦相处，敬重别人。"五失"为："夸以世"，即夸夸其谈，好唱高调而不务实；"资以大"，就是喜欢自我吹嘘，为自己摆功而不实事求是；"擅制割"，就是好自作主张，乱表态，随便许诺，越权行事；"犯上弗知害"，即目无王法，犯上作乱；"贱士而贵贝货"，即轻视士人，贪婪好利。

4. 爱民、勤政标准。各级官吏必须"审知民能，善度民力"，做到爱民："事必躬亲"，为民表率，做到勤政，以适应新建王朝百业待兴的局面。秦王朝选拔官吏的标准和条件是严格的，并通过法律制度加以保证，这反映出上升时期的地主阶级充满生机和活力，使法制精神在国家组织人事方面得到发展。

秦统一中国后仅统治了15年，在官吏选任制度上建树很少，但却不乏深刻的教训。总的来说，秦代政府主要采取了两种方式来选拔和任用国家官吏。

第一，军功选任制。秦在结束战争，建立了统一的封建王朝以后，面临着统治偌大一个中国，需要大量各类人才充实国家各级机构的情况，主要采用传统的军功法来选拔官吏。秦初中央和地方的各级官吏，基本上由三类人构成：一是秦国的原班人马，经升爵提拔，继续任职者。比如丞相李斯是战前秦国的廷尉；御史大夫王蕡由战前的将军而升任；等等。这一部分人构成了秦朝政权的中坚。二是在统一战争中建立军功者。这是秦朝新建官吏队伍中的主要力量，中央和地方大批新任官员基本上都由此产生。三是原六国的旧部。他们归顺了秦朝以后，秦政府部分地选留在用。这部分人多为士人（知识分子）身份。后来"焚书坑儒"，这些人是主要对象。所谓军功选任制

度，就是沿袭秦国的军功爵禄制度。对于在统一战争中立有军功的人，按其功劳大小，授相应官职。凡是立有军功者，无条件地是国家官吏的选拔对象。然后参考本人志向，愿当官的，加以适当的目测、审核后方才录用。授职时级别的确定，原则上仍是斩敌酋（军官）首级一个定一级，两个定两级，其余依此类推。秦中央九卿的主要僚属和地方县以上官吏，多半由这些功臣担任。秦始皇时如此，秦二世（胡亥）即位后，此法未改。胡亥甚至提出以杀人多者为忠臣，这是秦王朝残暴统治政策的产物。秦政府以军功选任官吏的制度，积极的意义已远远不如战前的秦国时期。以选官制度来强化武夫当权的军事专政，对于积蓄军力、准备战争的秦国来说是有利的，甚至是必要的。但在战争结束，全国统一并基本安定以后，却有必要不失时机地改革这种制度，采取有力步骤，吸引善于经邦治国的人才参与国家管理和建设。但秦朝君臣照搬了过去的一套，片面注重武勇，从军人中选官，按军功大小定职，而且排斥知识分子，甚至以坑杀（"坑儒"）的暴烈方式打击、迫害知识分子。秦王朝之所以"仁义不施"，失于暴政，与这种片面的用人制度有着密切关系。

　　第二，试吏法。所谓试吏法，是秦政府通过某种测试的办法，选用地方基层有一定声望和见识的人，作为当地基层官吏的一种选任制度。实施办法，主要是根据各地舆论反映，对地方的闲散人才进行调查、了解后，召集有关人员，由县以上官员对其目测（外貌）、口试（问几个问题），然后选较优者充实到当地县以下机构或基层组织中，做个吏员或乡长、亭长。这种方式也确实选拔了一些较好的基层官吏。泗水亭长刘邦就是以此种途径入选的。《史记》中说，刘"及壮，试为吏，为泗水亭长"。沛县狱吏（看押犯人的吏员）曹参也是由此入选的。"试吏"这种方式，在当时军功选任者仍然不足以配备到基层的情况下推行，是发挥了作用的。它的积极意义在于：一是被选者一般比较熟悉当地情况，比任用外籍人具有某种优越性。二是它使广大乡村一些闲散人才得以发挥自己的特长，为封建国家服务。

两汉的察举制度

　　西汉建立后，汉朝统治者为了解决各级官吏的来源问题，开始采用察举制度，从民间获得大批的从政人才，使他们成为治国安邦的有力助手，从而

第五章　官吏的选举和任用

稳定了社会的政治秩序，维持整个国家机器的健康运转。

所谓察举，就是皇帝下诏全国各地，公开征求人才，中央和地方的各级主管官员把民间的出众人才，向中央和地方各级政府推荐，经过一定形式的考察后，择优录用，授予官职，然后补充到各级政府机构中去。察举制是两汉最重要的选官制度。从公元前196年开始，汉高祖刘邦下诏求贤，令从郡国推举有治国才能的"贤士大夫"，开汉代察举制度的先河。把察举作为选官的一项制度是从文帝开始的。文帝即位的第二年（公元前178年），下诏"举贤良方正能直言极谏者"；十五年（公元前165年），又诏"诸侯王、公卿、郡守举贤良能直言极谏者"。汉武帝进一步把察举发展为一种比较完备的选官制度。

察举科目较多，一般分为两大类：一是特举特科，二是岁举特科。特举特科是皇帝因时势需要而临时规定察举的科目，不定期举行，名目较多，其中重要的科目有贤良文学、贤良方正、明经、明法等。如董仲舒、公孙弘等人皆系特举特科而入仕为官，但由于不是每年都举行，入仕官员数量不大。岁举特科就是每年进行的推荐选举士人的活动。科目有孝廉和茂才。孝廉是指能尽孝悌、正直廉洁的士人。茂才原叫秀才，因避光武帝刘秀讳，改称茂才。茂才是指文采出众的读书人，茂才的政治出路大多是充任地方县令，比孝廉的任用要更受重视，但名额极少。两汉对于察举人才的标准有了明确的规定，一是凡儒家以外的其他各家均不得举荐，开创了以儒术取士的标准。二是取士包括德行、学问、法令、谋略四个方面的内容。三是察举对象是地方六百石以下的官吏和通晓儒家经书的儒生，由郡国每年向中央推举，其出路是到中央任郎官。

察举孝廉有一定的名额限制，一般来说，人口达20万的郡国一年只可察举一人；不满20万的两年举一人；不满15万人的三年察举一人。在边远地区，名额适度放宽，15万人口以上的郡国岁举一人；不足10万者两年举一人；5万以下者三年举一人。无论岁举孝廉、秀才还是诏举贤良文学，到中央以后均需经过考试。考试办法有对策（命题考试）和射策（抽签考试）两种。对策多用于考试举士，射策多用于考试博士弟子。凡属诏令推

董仲舒雕像

举之士一般是由天子策试；郡国岁举之孝廉、秀才则由三公府考试。儒生考经学，官吏考举奏，通过考试选出优等生，报皇帝录用。考试实际是量才录用。

西汉一代，共举孝廉两万多人，东汉举孝廉达四万多人。孝廉出身的官员在两汉国家机构中所占比例很大，可见在两汉时期举孝廉是选拔各级官员的主要途径。对茂才的察举数量亦有明确的规定，一般而言，三公、光禄大夫、州牧等官员每年每人可以荐举一名茂才。

两汉政府主持察举事务的官员多为高官显宦，秩品在二千石之上。察举者如果举人不当，就会受到处罚，如西汉元帝时，列侯张勃举陈汤为孝廉，后来陈汤犯法，张勃也被"削户三百"，以示惩戒。对被察举人也有身份限定，"市井子孙不得察举为官"。东汉时规定，尚书、宦官的子弟不能举为孝廉，因为上述人员或者握有重权，或者靠近权力中心，一些主持察举的官员往往推荐他们的子弟，以巴结权贵。各郡士人经过举荐后，再经过一定的考试，就可以授予官职。孝廉多授以中央九卿的属官，其秩禄最高者为千石，一般在六百至四百石之间。茂才所授官职要高于孝廉，一般授予光禄大夫、侍御史、郡守、县令等，秩禄最高可达二千石，一般在六百石至一千石之间，并且升迁也快。

察举制度是对世卿世禄制的一种否定，察举以才干品德为准则，而不以血统出身为依据，这就使一些出身寒门的士人，有机会脱颖而出，一展抱负。同时这一制度也为两汉统治者选拔了大批人才，时人称之"群士慕向，异人并出"，扩大了统治者的阶级和政治基础，保证了两汉王朝的长治久安。

当然，察举制度作为一种选官制度，还不成熟、不完善，存在着许多问题和漏洞。首先，选举大权掌握在少数高官手中，在政治清明时，察举尚属得法，吏治腐败时，就成为官样文章。特别是在东汉中后期，察举大权完全由少数权门世家所把持，成为大官僚营私舞弊、受纳贿赂、援引私人的金钥匙，豪门请托成为一时的社会风气，以致流弊百出，任人唯亲、唯钱、唯势和所举非人的现象极为严重，时人所评说的"举秀才，不知书；察孝廉，父别居。寒素洁白浊如泥，高第良将怯如鸡"，就是对后期察举制的绝妙讽刺。

其次，察举制中规定的德才标准并无可以操作的实际内容，如孝道也是考核士人品行的标准之一，一些士人为了得到荐举，不惜一切手段去"饰伪以邀誉，钓奇以惊俗"，"弱者守孝，勇者割股"，假戏真唱，真戏假演，至于为了尽孝而一鸣惊人进而博取富贵的故事更是难以胜数，以至于弄虚作假，沽名钓誉之事屡见不鲜，严重恶化了社会诚信氛围。如东汉人赵宣为显示自

第五章 官吏的选举和任用

己的孝道,为父母服丧,在墓道中居住了二十多年,名声极大。后来人们却发现他在墓道中生了五个儿子,而按当时礼节,在为父母守孝时,是不能与妻子同房的。财产本是争夺的对象,可是在分家产时,兄弟之间往往互相推让,甚至到了不合常理的地步。官职本是士人孜孜以求的终极目标,可有的士人为了名扬天下,对政府的征召不予理睬,如安帝时的樊英,名声很大,皇帝多次征召,樊英多次固辞,并跑进深山,借以抬高身价。后被顺帝强聘至京师,不过顺帝很快就失望了,因为樊英是个平庸之辈,盛名之下,其实难副,是典型的故弄玄虚的政治骗子。

最后,由于察举之权为少数大官僚所把持,因此,察举制为封建大官僚结党营私开了方便之门。被荐者往往成为荐举者的门生故吏,双方逐渐形成了主仆名分。高级官员年年察举,门生也就越来越多,有的甚至门生、故吏遍天下,出现了许多大大小小带有垄断性的私人政治集团。东汉的杨震以讲经起家,门生众多,其子孙世代出任大官僚,四世三公,"弘农杨氏"因之成为有名的世家大族。汝南袁氏势力更是雄厚,四世出了五个公一级的官员,门生故吏遍布全国,形成了一股强大的政治力量。这些政治集团和军阀相互结纳,形成了东汉末年以来的世家门阀地主和封建割据势力,危害社会达数百年之久。

九品中正制的确立

东汉中期后随着世家大族势力的发展,外戚、宦官、党人之间的斗争日趋激烈,使社会危机加深,察举、征辟等选官制度遂被破坏。

汉献帝延康元年(220年),曹丕接受吏部尚书陈群的建议,实行九品中正制。《通典·选举典》载:"吏部尚书陈群以天朝选用,不尽人才,乃立九品官人之法,州郡皆置中正,以定其选,择郡之贤有识鉴者为之,区别人物,第其高下。"

九品中正制亦称"九品官人法",选官事宜主要由各级中正官主持,因此"中正"有着重要的作用。中正官一般由具有识别能力的贤达充任,州称大中正,郡为小中正。大中正常由中央官兼任,品第较高,小中正则由本籍现任官担任,负责对该地区出身的官吏、士人进行评选,对被评者的家世出身、日常言行、才能等予以评述,写出行状(评语),定其品级,上报司徒。中正官的设置,既保留了汉代乡间评议的传统,又改变了汉末名士请议左右乡议和地方大族操纵选举的局面，把品评与选官的权力收归中央。这对杜绝朋党、破除门阀起了一定的作用，特别在实行初期，对加强曹魏政权起了一定的积极作用。九品中正制的任用是依据中正官所评定的品第，对士人和官吏分别授予不同官职。所谓九品，即把士人评品为三等九级：上上、上中、上下；中上、中中、中下；下上、下中、下下。九个品级中，上上为第一品，一般不评，实为虚品；第二品"上中"，即第一等品级，也称上品；其余各品均为下品，也称"卑品"，但有时也把三品即"上下"归入上品。品第的高低不仅是社会舆论对士人的褒贬，更重要的是与授官联系在一起。一般来说，品第高则授职高，品第低则授职低。被评为上品的，一般授予二千石以上的官职；三品至九品按不同品第授职不等，大致是三品至五品可充任县令（长），六品以下或为州县小吏，或为公府掾属。

品第评定有严格的程序，要层层申报、核实。小中正品第人才要上报州大中正核审；大中正核审后上报司徒；司徒核审后报尚书省，然后由吏部任命。品第评定后，并非固定不变，视其操行政绩优劣而升降，一般为三年一次，称"清定"。

对人才选评的依据，主要有三项：一为"簿阀"，即家世出身；二为"状"，即行为才德的评状，包括任官时的政绩；三为"品"，即人品等第。中正的职责是提供士人这三项资料，并列入记录，以备朝廷参考。

曹魏实行九品中正制目的有二：一是纠正汉末以来察举、征辟的腐败现象；二是改变察举、征辟为地方世族所操纵的局面，以中正立官立言，杜绝朋党，权收中央。它在建立之初具有一定的进步意义。

1. 选官权由地方收归中央。汉代的察举、征辟制是选士与选官结合，士人只要被地方长官察举，就可任官，权在地方。隋唐后的科举制将选士与选官分开。士人科举考试合格仅取得做官资格，正式任命还要吏部批准，权在中央。而九品中正制选士与选官呈半分离状态，推荐和品状士人权在中正，而任官权在尚书吏部。因此九品中正制在选官制度上是从两汉察举制到隋唐科举制的过渡形式，在选官权力上则是由地方转向中央的中间环节。

2. 人分九等在人才学分类上是一创新。中正品第人物，以九品区分人才的高低，这在人才学分类上有进步意义。虽然三等九级之间还缺乏严密的界限和标准，仅分上、下二品，但以九品评定人物，而且每隔三年"清定"一次，品评时又可根据被评者的实际行为和表现予以升降赏罚。这无疑起着考

核人才、激励人心、劝导风俗、诱发人们奋发向上的作用。这种品评人才的办法,由于存在一定的合理性,后来被借用于官阶品位的分级。

3. 选才标准趋于周密。考察先秦至两汉时的选官方式,或为世袭,或为推荐。世袭重血缘、出身,推荐则重德行。"德行"有时代的局限,缺乏客观、统一标准。而九品中正制的选才标准是"薄阀"(门第、出身)和"状"(才德),要讲出身、门第,但以门第、才德和乡议舆论等多项为选官标准,无疑可以更全面地了解一个人。这些方法也常为后世选官所沿用。

但至东晋中后期弊端丛生,九品中正制成为加强门阀统治的一个工具。其主要弊端有以下两方面。

第一,中正权重,品评随意。如前所述,魏设中正之本意是想把地方乡议评论的权力收归中央,即所谓"置州郡(中正)者,本取州里请议,咸所归服,将以镇异同,一言议"。但在执行过程中,中正对其所褒贬的人物,起初还负有连带的法律责任,到后期这种法律责任便逐渐消失。中正在评定品状时,常根据个人的主观意愿,任意决定品第高低,"今之中正,定九品,高下任意,荣辱在手,操人主威福,夺灭朝权势,爱恶随心,情伪由己"。中正握权过重,必定影响人才的选拔和政治的修明。

第二,世族门阀,控制选举。九品中正制实行之初尚能重乡议,品评人物注意品德和才能,门第还未作为唯一的选士标准。可是九品中正制规定,州中正官必由二品以上高官担任,在门阀统治森严的魏晋南北朝,这无疑给门阀统治创造了条件。因为在此时能担任二品以上高官者必为世族,有些世族武断乡里,控制选举。魏晋时期的世家大族正是利用九品中正制加强和巩固了门阀统治,维护了等级特权。到后期评定人物唯家世阀阅,才能品德已抛之云霄外,其结果必然是"上品无寒门,下品无势族","高门华阀,有世及之荣;庶姓寒人,无寸进之路,选举之弊,至此而极"。九品中正制已走到了尽头,继之而起的是延绵1000多年的科举制度。

科举制度的产生与发展

科举制度是在荐举制度基础上发展起来的以考试为主要标准的选拔制度。

隋炀帝时开始设置进士科,以试策取士,经过唐代的发展,科举考试确立成为一项重要制度。由于有了定期定额和定考的科目,士人们无须再经荐举,就可以直接报名考试,经过逐级考试,由官府择优录取,再由吏部试以

中国古代官制
ZHONG GUO GU DAI GUAN ZHI

古代科举考试图

"身、言、书、判",就可以被授予官职。

科举制度确立之后,基本上纠正了魏晋以来由世家大族所垄断的用人和掌权的状况,也削弱了荐举的功能,表现出较为公开、较为公平的优越性,为士人入仕开辟出一条新的途径。科举制度的确立,适应了中央集权制度的需要,也有利于更广泛地吸收人才。因此,它一出现,便成为主要的官吏选拔制度,历代奉行不替,直到1905年才为学校制度所取代。

科举是分科举拔人才的意思。古代国家根据需要,设立若干科目(诸如秀才、进士、明经、明法、明书、明算等科），举行公开而统一的集中考试，择优选拔人才，名之为科举制度。

唐代科举取士，大体上可以分为贡举和制举两大类。贡举由礼部主持具体工作，常设科目有秀才、进士、明经、明法、明书、明算等六科；武则天时开设武举，由兵部主持具体工作。制举亦名特科，由皇帝临时下诏设定科目，不定期举行。在众多科目中，进士和明经两科最受重视，唐代以此两途出身为宰相者有142人，占宰相登录总数的38.6%。当时考试录取的名额很少，进士科最严格，"其进士大抵千人得第者百一二；明经倍之，得第者十一二"。

宋代科举制度基本因袭唐制，但在贡举上仅以进士科为常科，其余诸科则不一定经常举行。宋代的士人经过科举考试及第便取得做官的资格，不必再经吏部加试身言书判。宋代的科举考试制度比唐代严格，范围和规模都有所扩大。如在省试之后，增加一场由皇帝主持的"殿试"，实行"糊名"、"誊录"，不许朝廷官员推荐考生，食禄之家的子弟必须复试，对贵戚子弟另设考场和另派考官，实行"锁院"以减少作弊的可能等。与此同时，还扩大了录取名额，进一步减少门第限制，更广泛地吸收各阶层的知识分子，以扩大统治的基础。由于不论何等阶层的知识分子，只要进士及第便被委派为官，而且"不数年，辄赫然显贵矣"，科举成为当时猎取功名的主要途径。宋代已经有了状元、榜眼、探花的名目，意即为高居榜首的前三名。凡中状元、榜眼、探花者，便成为当时朝野仰羡的人物。

辽、夏、金、元虽然是少数民族为主导的政权，但也奉行科举取士制度。这些少数民族为主导的政权在科举实施过程中有严格的民族界限，从某种意义上讲，重点在笼络汉族地主阶级和知识分子。

明清的科举制度更加严格和程序化，但也进入僵化和衰朽时期。明清基本上是三年一科，故明代共开83次，清代共开112次。其科考的程序大致可以分为四级。

1. 童试（府、县试）

童试是科举考试的最初级。因为凡参加举业的读书人，在其参加州县级考试时均称"童生"，故这一级考试称为童试。童试由州县长官主考，中试之后称为"生员"，通称"秀才"，也就是取得府、州、县学的学生资格，毕业后可以参加上一级考试。明正统元年（1436年），为了对府、州、县学进行统一管辖，开始设立"提调学校官"，主管一省教育，并由该官主持考试，称为"院试"。此后,只有通过院试录取的才能取得生员资格,否则依然是童生。"生员"虽不能直接授官,但有时也从他们中间选拔,授予低级官职,这些人虽然几乎没有升入高官的可能,但可以以此为出身,进入仕途。

2. 乡试

乡试是省一级的考试,每三年举行一次,称为"大比",因在八月中旬举行,又称为"秋闱"。乡试在省署(京府在府署)举行,由皇帝派专门的主考官,以各布政使、按察使及以后的巡抚为首席监考官,组成临时机构来主持乡试。乡试共考三场,一场考经义,二场考礼乐论述,三场考经史时务策;三考及格后再面试骑、射、书、算、律等"五艺"。三考中试者称为"举人",面试"五艺"以后称为"乙榜",也称"乙科"。乡试第一名为"解元",第二名为"亚元",第五名以上为"经魁",第六名为"亚魁",其余称"文魁",都有资格参加礼部考试。举人可以直接授任为官,并且作为正途出身。乡试录取名额有限,按中央指定的数目录取,因此取得"举人"的地位已经是相当不易。

3. 会试

会试是中央级的考试,在乡试后的第二年举行,由礼部主持,实际上是宋代的省(尚书)试。会试亦考三场,三场中试称为"进士"。会试第一名称"会元",俗称"会魁"。会试于春季二月进行,故称"春闱",因是礼部主持,又称为"礼闱"。会试录取的都可以参加最高层的殿试考试,并且取得做官的资格。

4. 殿试

会试中试者要由皇帝亲策于廷,实际上是皇帝的复试,虽多为形式,但表明选拔权由天子掌握和天子对人才的重视,也表明"皇恩浩荡",所取者都称天子门生,以期得到这些新贵们的忠诚和感恩。殿试后分为三甲,一甲只有三人,称为状元、榜眼、探花,加名"赐进士及第"。二甲无定额,称"赐进士出身"。余为三甲,称"赐同进士出身"。二、三甲第一名称"传胪"。殿试中进士称为"甲榜",也称"甲科",往往被授予较为重要的职官,升迁也比较快。

明清科举考试的考法和场规可谓严密,对考官和应试者的资格都有严格的规定。如明代的"科举条格"规定:已入六品的在职官吏和已经科举入仕者不得参加科举,应考者不论种族;被罢免的官吏、娼优、皂、隶、居丧及学校训导不得应试;考试未中者不得喧哗取闹,纠缠考官;考官应遵守"回

第五章 官吏的选举和任用

避"制度，不得担任本人子弟亲属的考务；笔试以后要加面试，因故未参加面试，三年以后要补加；违反条件者，一经查出，即使已经考中也要追查，考官处分，考生除名；等等。而考官都要经过挑选"明经公正者"充任，乡试主考、同考官都要由京官钦命简放，而监临官则由地方主要长官而具有科第功名者担任。在乡、会试中，"弥封、誊录、对读、受卷及巡绰监门，搜检怀挟，俱有定员，各执其事"。对作弊及通同者都给予严刑处置。

科举制度的实行，鼓励公开竞争，择优录取，也确实为古代各朝各代输送了大批人才，其中也不乏杰出人士。制度限制徇私舞弊，如清代屡兴科场案，对有舞弊行为的主考、同考官处以严刑，对已录取者进行甄别，甚至全场作废，所以吕思勉先生认为："科举之善，在能破朋党之私。"由于古代社会制度的局限性，特别是在政治腐败的时候，其弊端总是防不胜防，以至于经常出现卖题代笔、夹带小抄，通行贿赂，徇私枉法，有章不循、有法不依等事件。特别是由于考试内容与格式的日趋僵化、死板，与时代和实际政局相脱节，实际上限制着士人的思想，由科举入仕的人往往缺乏实际任事的能力，更限制了人才的发展。

知识链接

状元名称的出现

状元的称号是从唐代开始的。唐代制度，举人赴京应礼部考试都须投状，（向上级陈述事实的文书），因称进士科及第的第一人为状元，也称状头。黄滔《寄翁文尧拾遗》诗自注："滔卯年冬在宛陵，梦文尧作状头及第。"北宋初殿试第一名称"榜首"，二、三名称"榜眼"。开宝八年规定，第一名称状元，但有时一、二、三名都称状元。从南宋起，始以状元为殿试第一名的专称。

第二节
中国古代官吏的任用

官吏的任用原则

"官为国之基",古代王朝极重视官吏在政府行政机构中的作用。从秦朝起各王朝在人事制度上建立了一套包括选拔、任用、俸禄、考核、奖惩和休假、致仕的制度。官吏的任用原则,成为官吏管理制度中的一个重要方面,并制定了相应的法律,只是因各朝情况不同而要求不一。官吏任用原则包括对官吏任用的条件、限制和回避等。

任用条件大致有如下几个方面。

1. 年龄条件

秦朝对官吏任用有年龄规定。秦律《内史杂》载:"除佐必当壮以上,毋除士伍新傅。"壮,指壮年;傅,著籍。据此规定,新傅籍的青年人不可担任官府的佐史,只许任用壮年以上的人。《史记·高祖本纪》:"高祖及壮,试为吏。"据秦律得知,刘邦到壮年时,才"试为吏"。汉代对年龄的限制规定得更为详细,如从军至56岁衰老免归者,可以应令选为亭长,也就是说担任亭长要56岁;明经、博士年限50岁;举孝廉限年40岁;博士弟子限年18岁以上。按汉代规定,一岁课试,通一艺者始能为官,则其任用年龄大约要到20岁左右。但确有奇才异能的,则不受年龄的限制,"其有茂才异行,若颜渊、子奇,不拘年齿"。

2. 财产、职业、身份条件

秦时即把财产作为任用官吏的条件之一,如韩信"始为布衣时,贫无行,不得推择为吏"。西汉初年规定,家产需资算十以上乃可为官,即家产在十万以上才得做官。景帝虽减至四算,但汉初家产在四万以上者也不是一般平民,因为当时每石谷便宜时只有五钱。如东汉"王溥，安帝时家贫不得仕"。

3. 职业条件

在职业方面，汉代"有市籍不得官"的规定，即商贾之人不得做官。武帝时虽因国家财政困难，实行盐铁官卖，放松了对商人不得为吏的禁令，但到哀帝时又重申"贾人皆不得名田、为吏，犯者以科论"的禁令。对工商业者的限制一直沿袭。唐制规定，"凡官人身及同居大功已上亲，自执工商，家专其业，皆不得入仕"。工商业者即使才干出众，也不得授官。唐太宗曾对房玄龄说："朕设此官员以待贤士，工商杂色之流，假令术逾侪类，此可原给财物，必不可超授秩，与朝贤君子比肩而立，同坐而食。"此外，汉代还规定"巫家不应为吏"。唐太宗后在职业方面虽有所放宽，但规定工商之子、地方衙门小吏、倡优、巫家及还俗的僧道等人都不准参加科举考试。在身份方面，历代对不忠于封建朝廷而犯罪的官吏及罪犯规定尤其严格。秦在商鞅时就指出："圣人之为治也，刑人无国位，戮人无官任。"秦律也明确规定，不得任"废官"为吏，"任废官者为吏赀二甲"，"废官"者指被撤职永不叙用的人。秦朝也不允许任用罪犯为佐、吏，秦《内史杂》载："侯（候）、司寇及群下吏毋敢为官府佐、史及禁苑宪盗。"按此规定，秦时不得任用刑徒（侯、司寇均为刑徒），不得任用未决犯（下吏）担任佐、史以及警卫禁苑的"宪盗"（捕盗小吏）。汉代沿袭了这样的规定，文帝时即有"吏坐赃者，禁锢不得为吏"的规定。东汉质帝时又下令"臧吏子孙不得察举"；同时还规定"弟犯法不得宿卫"，即犯法者的亲属不得在接近皇帝的要害部门做官，这显然是为了保护皇帝安全采取的一项措施。唐宋时都规定：凡曾经触犯法令者，以及高祖以内有犯死罪者之子孙都不准参加考试。明对"极刑之家"限制也甚严，不准他们的家属参加科举。

此外，在身份限制上，汉代还有对赘婿、贪污者不得为官的规定。《汉书·贡禹传》载：孝文皇帝时，"贵廉洁，贱贪污，贾人、赘婿及吏坐赃者，皆禁锢不得为吏。"

唐代官吏的见习

自唐代起，科举成为入仕的途径之一，但通过礼部考试的登第者，只能说是具备了从政资格，要想做官，还得经过吏部的"铨试"，颇似现代的公务员考试。铨试的内容分身、言、书、判四项，身看体格和相貌，言听口语表达，近似今人求职时的面试,不过最关键的还是书、判两项,就是看登科者能否写两篇书法端正、文理优长的应用性公文。科举登第者,或是通晓经义,或是词赋优美,或是能讲一通如何治国安邦的大道理,但真有当过"公务员"履历或因家庭环境而熟悉这套东西的,毕竟不多,所以唐代的科考几乎每年或隔年举办,每一榜的诸科录取名额有多至数百人的,但接下来能通过吏部铨试而得授官的极少。刘禹锡于贞元九年(793年)登第,两年后通过吏部试,授从九品下的司经局太子校书郎(校对员);白居易于贞元十六年(800年)登第,也是两年后通过吏部试,授正九品的秘书省校书郎。九品是流内官的起码货,但在其他登第者看来,他们能以这种速度正式进入仕途,已经很值得羡慕了,说起来还是得自家庭影响,如白居易,父亲白季庚历任彭城县令、徐州别驾,叔父白季康是溧水县令,大哥白幼文任浮梁主簿,在这种环境中耳濡目染,自然要占一些便宜,故其在吏部考试时写的两则判文被擢为甲等。

相反的事例不胜统计,最典型的是韩愈,出生于"无名位"的布衣家庭,从小发奋学习,历经三次挫折才登第,但其后四次参加吏部考试都被淘汰,困顿长安十年,自怨自叹说:连当个九品小官也成了奢望。欲得一亩之地的官舍想也不敢想("九品之位其可望,一亩之宫其可怀")。不过,从政府的角度考虑,要当一个称职的官员,仅会吟诗作文或通晓经艺确嫌不够,否则一旦掌印治事,肯定要出问题。所以,即使像刘禹锡、白居易这些顺利过关的幸运儿,最初的授职也多是分配到弘文馆、集贤院、国子监等文化教育单位。此外,参加铨试者中也有不少人是已经在体制内供职的,这些人一旦通过铨试,凭其原有的工作履历,倒更有委派实职的希望。

没有当官实践便很难通过铨试,通不过铨试又不能当官,这个悖论岂不意味着科举选才成了一句空话?其实也不然。唐朝的做法,是特许道府一级的高级地方行政长官聘请这些被铨试刷下来的登第者,先在参军、从事、功曹这一类属员的职位上锻炼积累经验,虽然没有吏部颁发的"告身"(即官员身份证),不算中央正式任命,但因此得到了熟悉政策法令和处理公务的机会——经过这样一番见习,就比较容易通过吏部选试了。假如还是像韩愈那样不走运,屡试屡败,也有另一条途径:依制度,凡三选不中而又在地方幕职做满规定年限的登第者,都可经见习机关首长的奏荐,由中央授予州县的参军簿尉等职务获得告身,待做满任期后,便可参加统一的官员考核,与通过铨试者一样享受听候铨选调升他职的待遇。韩愈最后就是走这条入仕之路

第五章 官吏的选举和任用

的：先投到宣武节度使董晋麾下当巡官，可惜董晋病卒任上，只好再改投淮南节度使张建封，最终由张建封奏荐中央授职。唯此人"发言真率，无所畏避，操行坚正，拙于世务"，说白了就是还不会"做官"，所以中央根据张建封的荐词，给他的起步台阶是从九品的四门博士，即国子监的教员。这样一条曲线绕走过来，比起同榜登第而又较早通过铨试的进士，"工龄"要少许多。

其实，唐代的试职见习制度也曾历经反复。事实上，除少数名声很响的进士、明经一类自有人争相聘请去各部门试职外，多数被吏部铨试刷下来的登第者都要靠找门路才能寻到理想的"见习单位"。没门路的，或是嫌路途太远、条件艰苦的，还有去了后和上司、同僚的关系处理不好的，甚至是无法降低身份辗转求人，那就只能像韩愈那样在长安困顿经年屡试通关了。

因此，科举登第者最终没能入仕的情况也非绝无仅有，《唐摭言》里有一节《及第后隐居》，专讲这些登第后便从公众视线中消失的人物。据《朝野佥载》述，武则天称帝后，搜罗这些"遗才"，其中竟有"下村教童蒙"的，听起来像进士下乡支教当志愿者。虽说这也是一种社会实践，正好借此体验民生疾苦，不过当时的人没有这个觉悟，故武则天的矫正之道是"不曾试练，并与美职"。后来舆论又指责未经见习便给官做的改革太偏激，于是再调整为科举及第后未能选试授官者，"皆是及第便从诸侯府奏试官"，就是由中央指派往各道府试职。到唐宣宗时，这个办法更改进为及第后三年便算见习期满，即可由地方长官奏请授职。

这样一来，"学而优则仕"乃成直通车，不必再走先下农村锻炼或困顿在家"复读"的曲线了。隐藏在这些反反复复背后的深层原因，一是当官必先试职的传统使然，二也多少反映出士族势力对平民通过科举入仕侵占其既得利益的不满和裁抑。

官吏的官品与爵位

官品，表示官员的等级，与地位、俸禄紧密相关。

西周以天子赐命的多少形成官品，有一命至九命之差。上公九命为伯，其国家、宫室、车旗、衣服、礼仪皆以九为节。王之三公八命，伯侯七命，王之卿六命，子男五命，王之大夫四命。公、卿、大夫出封，则加一等。

中国古代官制
ZHONG GUO GU DAI GUAN ZHI

汉朝是以官员的俸禄来表示其等级的，俸禄以谷物为计量单位。其等级分万石、中二千石、真二千石、二千石、比二千石、千石、比千石、八百石、比八百石、六百石、比六百石、五百石、比五百石、四百石、比四百石、三百石、比三百石、二百石、比二百石、百石、比百石、斗食等。这是全年俸禄的概数。各种官职的俸禄级别都有规定，如太师、太傅、太保、丞相、太尉、御史大夫、前将军、后将军、左将军、右将军都是万石，太常等九卿与执金吾都是中二千石。因其级别固定，有时以俸禄级别代指官称，如以二千石代指郡太守。

魏晋开始，官分九品，以一品为高。南朝梁定十八班，班多为贵，与九品并用。北魏每品之内又分正、从，从第四品起，正、从品又各分上、下阶，共三十级。九品三十阶以内的官，为流内官，不入九品的称流外。流外也有品级，主要用以安排吏胥。唐、宋基本沿此，而隋以及元、明、清，只保留正、从品，不再分上、下阶，故只有九品十八级。明清流外，不分品级。

清朝官帽

第五章 官吏的选举和任用

此外，魏晋以下有些官称并无实际职掌，仅授予年老多病的旧臣或有一定勋劳的人，作为领取俸禄和享受某种礼遇的依据。这样的官称作散官，宋朝称为寄禄官。唐朝将魏晋以来的散官名号加以整理，定出等级，作为每个官员包括职事官的实际等级，称为"本品"，又称"阶品"或"散阶"。文散阶二十九，从一品为开府仪同三司，正二品为特进，从二品为光禄大夫，正三品为金紫光禄大夫，从三品为银青光禄大夫，正四品上为正议大夫，正四品下为通议大夫，从四品上为太中大夫，从四品下为中大夫，正五品上为中散大夫，正五品下为朝议大夫，从五品上为朝请大夫，从五品下为朝散大夫。以下依次为朝议郎、承议郎、奉议郎、通直郎、朝请郎、宣德郎、朝散郎、宣义郎、给事郎、征事郎、承奉郎、承务郎、儒林郎、登仕郎、文林郎、将仕郎。武散阶四十五，从一品为骠骑大将军，正二品为辅国大将军，从二品为镇军大将军，正三品上为冠军大将军、怀化大将军，正三品下为怀化将军，直至从九品下为陪戎副尉、归德执戟长上。叙阶之法，有封爵、亲戚、勋庸、资荫、秀孝、劳考等多种依据，不完全按实任职务高低。因此，官阶与职事官的品级不一定相符。有低阶而任较高职务者，也有高官阶而任职较低者，但俸禄待遇仍按阶品。宋朝初年，正式职官名称都作为阶官名称，神宗元丰改制后，基本恢复唐制。徽宗又重定武阶官名号，最高一级为太尉，总等五十二阶。宋朝还有内侍官十二阶、医官十四阶、司天翰林官十五阶、教坊官十五阶。明朝文散四十二阶，自正一品至从九品；武散三十阶，自正一品至从六品。每一级中，分初授、升授，正二品至从四品的六级中则有初授、升授、加授三等。清朝文武阶均为九品十八阶。文散正一品至从五品称大夫，正六品至从九品称郎；武散正一品至从二品称将军，正三品至从九品称都尉、骑尉、校尉。

下面，介绍一下封爵的情况。

爵位，表示宗室、官员或有功人员、才智之士的地位和待遇。封号，性质与爵相当。

宗室封爵，在西周时一般分为诸侯、大夫、士三级。诸侯、大夫，同时也是官称。诸侯的封地称国，大夫的封地称邑，封地的收入即其俸禄。士有禄田。战国时宗室爵多称"君"，如信陵君、平原君，但封君不限于宗室，君也不是官称。受封者只在封地收取租税以为俸禄，行政长官由君主另行选派。

汉朝宗室封爵，分王（也称诸侯王）、侯（县侯、乡侯、亭侯）两等。

诸侯王先有行政权，后被收归朝廷。三国魏至南北朝，宗室封爵大体分王、公（县公、乡公）、侯（县侯、乡侯、亭侯）、伯（亭伯）、子、男六等。南朝后期，王有亲王、嗣王、蕃王之别。

隋朝宗室封爵，为国王、郡王、国公、郡公、县公、侯、伯、子、男九等。炀帝仅留王、公、侯三等，以皇伯叔、昆弟、皇子为亲王。唐朝宗室爵，王有亲王与郡王、嗣王之差，公有国公、郡公之别。皇兄弟、皇子，封国为亲王；皇太子之子，为郡王；亲王之子，承嫡者为嗣王，诸子为郡公；袭郡王、嗣王者，封国公。

宋朝宗室爵分六等，为王、郡王、国公、郡公、县公、侯。但爵不世袭，恩不旁推，与汉唐大不相同。辽分国王、郡王、国公三等，一字王唯皇子得封。金亦为国王、郡王、公三等。元朝封王，有一字王、二字王之别，又有同姓无爵邑而称王者，谓之宗王。

明朝宗室分封，有亲王、郡王、镇国公、辅国公、奉国公、镇国将军、辅国将军、奉国将军、镇国中尉、辅国中尉、奉国中尉等，都按嫡长子承袭、诸子低一等的办法沿袭下去。

清朝宗室封爵十四等：和硕亲王、世子、多罗郡王、长子、多罗贝勒、固山贝子、镇国公、辅国公、不入八分镇国公、不入八分辅国公、镇国将军、辅国将军、奉国将军、奉恩将军。其中，镇国将军、辅国将军、奉国将军各有一、二、三等之分。

宗室女性，周天子之女称王姬，战国时王女始称公主。汉朝以皇帝之女为公主，姊妹为长公主，姑为大长公主，公主封地称邑。这一制度，大体沿袭至明。唐朝又以皇太子之女为郡主，诸王之女为县主。清朝皇后生女为固伦公主，妃嫔之女为和硕公主，皇族女儿为格格，亲王之女为和硕格格，即郡主。公主的丈夫，魏晋以后皆加"驸马"称号，清朝称作"额驸"。

西周以来的宗室爵位，主要根据宗法关系确定。但自春秋开始，为打击公族势力，奖励耕战和吸引人才，在一些国家出现新的爵位制度。爵号有君、侯、卿、大夫、执圭等，授爵对象有宗室、官员、将领、士人等。以军功授爵的，多限于武官，如楚国的执圭。普遍实行军功爵，则是在秦国的商鞅变法之后。当时施行的是二十等军功爵，由低到高依次为公士、上造、簪袅、不更、大夫、官大夫、公大夫、公乘、五大夫、左庶长、右庶长、左更、中更、右更、少上造、大上造（大良造）、驷车庶长、大庶长、关内侯、彻侯

第五章 官吏的选举和任用

（通侯、列侯）。彻侯为最高一等爵位，关内侯、彻侯相当于诸侯。左庶长至大庶长，相当于卿。大夫至五大夫，相当于大夫。不更以下，相当于士。宗室无军功不得授爵，还要除去属籍。

汉朝沿用秦的二十等军功爵，略有不同的是，秦从五大夫起有食邑，汉改以公大夫起有食邑。公大夫以下为民爵，依等给一定数量的土地和园宅。汉武帝又别置武功爵十一级：造士、闲舆卫、良士、元戎士、官首、乘铎、千夫、乐卿、执戎、政戾庶长、军卫。授武功爵者可以做官，"大者封侯、卿、大夫，小者郎"。八级乐卿以下亦可买卖，九级执戎以上专以奖赏军功，与二十等爵并行。

三国魏在列侯、关内侯之下又置名号侯（十八级）、关中侯（十七级）、关外侯（十六级）、五大夫（十五级）共六等爵，以赏军功。关内侯以下不食租，谓之虚封。晋在分封宗室之外，爵位有公、开国郡公、县公、侯、开国郡侯、县侯、伯、开国伯、子、开国子、男、开国男、乡侯、亭侯、关内侯等名号。高级士族一般都得五等爵号，并实封土地。郡公、县公不仅置官属，还有军队。

在隋初及唐宗室爵的九等中，异姓封爵最高可至郡王。早在北周时，为奖赏有战功的将士，又出现勋官之号，并渐及朝官。唐朝形成定制，共十二转，转多为贵，自十二转至一转依次为上柱国、柱国、上护军、护军、上轻车都尉、轻车都尉、上骑都尉、骑都尉、骁骑尉、飞骑尉、云骑尉、武骑尉。

宋朝爵、勋大体沿唐制，又别有赐予功臣的荣誉性称号，如推忠、亮节等。辽除皇子封一字王外，国王、郡王、国公皆可封功臣。

明朝文武官封爵，唯有公、侯、伯三等，各加地名为封号，有岁禄而无封邑，也不一定世袭。勋官分文武，武勋十二级，与唐朝勋号相同，唯以"左右柱国"取代"上柱国"。文勋为前代所无，共分十级：左右柱国、柱国、正治上卿、正治卿、资治尹、资治少尹、赞治尹、赞治少尹、修正庶尹、协正庶尹。

清朝的勋爵与勋号合并，共分为九等：公、侯、伯、子、男、轻车都尉、骑都尉、云骑尉、恩骑尉。自公至轻车都尉，又各分三级。凡授爵，自云骑尉始，积二十六云骑尉，始至一等公。

历朝历代官员的夫人，也有各自不同的封号。西周诸侯妻称夫人。西汉以后，太子妻妾称妃、良娣。唐朝对于各级官员的母、妻之号，规定颇为细

密：王、嗣王、郡王之母、妻为妃，文武一品、国公之母、妻为国夫人，三品以上母、妻为郡夫人，四品母、妻为郡君，五品母、妻为县君，勋官四品有封者母、妻为乡君。其母邑号，旨加"太"字，各视其夫、子之品。如不因夫、子而别加邑号，夫人称某品夫人，郡君称某品郡君。县君、乡君同此。宋朝官员夫人封号，有国夫人、郡夫人、淑人、硕人、令人、恭人、宜人、安人、孺人等。明朝大体沿用唐宋之制，公妻称某国夫人，侯妻称某侯夫人，伯称某伯夫人，一品称一品夫人，二品称夫人，三品称淑人，四品称恭人，五品称宣人，六品称安人，七品称孺人。因子孙封者，加"太"字，夫在则不加。清朝一品至七品官妻称谓同明朝，八品则称八品孺人，九品称九品孺人。一品封赠三代，二、三品封两代，四品至七品封一代，以下只封本身。

官吏的考课

考课也称考绩、考核、考查，是对在职官吏的官箴政绩和功过的考核；通过考核，分出优劣加以奖惩黜陟，乃是历代统治集团约束内部成员的基本手段。

秦汉实行一年一考，三年一次总评定的办法。年考从秋天开始进行，至年底，各级官府将考课簿册集中到中央，于次年正月初一的群臣朝会时举行考课大典，然后按分工分别进行考课。魏晋基本因袭此制，但由于战乱频繁，往往不能正常进行，于是改由皇帝不定期地下诏考课百司。东晋南朝把考课与任期结合在一起，以三年为小满，六年为秩满。北魏孝文帝改革之后，实行三载考绩，三考黜陟的考课制度，并与官吏任用相结合，按年月长短而定任用先后，年资成为考课的重要依据之一。唐代实行一年一小考，四年一大考，大考按九等定黜陟的制度。宋代改为一年一考，三年大考，文官三年一任，武官五年一任的考任制。辽、夏没有定期的考课，经常是皇帝下诏实现大考。金代实行循资考课，称为"资考"，资考三十个月为期满。元代也实行资考，不同的是官和吏实行不同的考期，官一般三年一考，吏只有九十天一考。明清实行三年一考，九年考满的京察大计制。

考课的内容和标准是根据官吏不同的职务而分别制定的，历代都根据本朝的具体情况有所更改变化。

第五章 官吏的选举和任用

古代国家除君主之外，所有官吏都要接受考课。考核的内容大体可以分为两类：一是对各级一般行政官吏考核，主要是考核所属部门和地区的户口增减、垦田多少、钱谷出入、漕运水利、盗贼狱讼、教育选举、社会治安、督察下属等内容。二是对其他担任专门业务官吏的要求，考核的内容则根据不同的职事制定不同的内容和标准。

除按职务分工制定考课内容和标准之外，对所有的官吏还有共同的标准，在隋以前，是所谓的清正、治行、勤谨、廉能等；唐、宋则是德义有闻、清慎明著、公平可称、恪勤不懈；明清是清、慎、勤。这些被认为是所有官吏应该具备的品德，也是考核的基本内容。

明清以前，对担任各种业务的考课标准规定得非常具体，如唐代的"二十七最"，宋代的"监司七事考"，金代的"十七最"等。

二十七最是：1. 献可替否，拾遗补阙，为近侍之最。2. 铨衡人物，擢尽才良，为选司之最。3. 扬清激浊，褒贬必当，为考校之最。4. 礼制仪式，动合经典，为礼官之最。5. 音律克谐，不失节奏，为乐官之最。6. 决断不滞，与夺合理，为判事之最。7. 统部有方，警守无失，为宿卫之最。8. 兵士调习，戎装充备，为督领之最。9. 推鞫得情，处断平允，为法官之最。10. 雠校精审，明于刊定，为校正之最。11. 承旨敷奏，吐纳明敏，为宣纳之最。12. 训导有方，生徒充业，为学官之最。13. 赏罚严明，攻战必胜，为军将之最。14. 礼义兴行，肃清所部，为政教之最。15. 详录典正，词理兼举，为文史之最。16. 访察精审，弹举必当，为纠正之最。17. 明于勘覆，稽失无隐，为勾检之最。18. 职事修理，供承强济，为监掌之最。19. 功课皆充，丁匠无怨，为役使之最。20. 耕耨以时，收获成课，为屯官之最。21. 谨于盖藏，明于出纳，为仓库之最。22. 推步盈虚，究理精密，为历官之最。23. 占候医卜，效验多者，为方术之最。24. 检察有力，行旅无壅，为关津之最。25. 市廛弗扰，奸滥不行，为市司之最。26. 牧养肥硕，蕃息孳多，为牧官之最。27. 边境清肃，城隍修理，为镇防之最。

监司七事考是专门考核路一级所设的"帅、漕、宪、仓"等司的考核标准，即：举官当否；劝课农桑，增垦田畴；户口增损；兴利除害；事失案察；校正刑狱；盗贼多寡。

十七最是：1. 礼乐兴行，肃清所部，为政教之最。2. 赋役均平，田野加辟，为牧民之最。3. 决断不滞，与夺当理，为判事之最。4. 钤束吏卒，奸盗不滋，为严明之最。5. 案簿分明，评拟均当，为检校之最。6. 详断合宜，咨执当理，为幕职之最。7. 盗贼消弭，使人安静，为巡捕之最。8. 明于出纳，物无损失，为仓库之最。9. 训导有方，生徒充业，为学官之最。10. 检案有方，行旅无滞，为关津之最。11. 堤防坚固，备御无虞，为河防之最。12. 出纳明敏，数无滥失，为监督之最。13. 谨察禁囚，轻重无怨，为狱官之最。14. 物价得实，奸滥不行，为市司之最。15. 戎器完备，捍守有方，为边防之最。16. 议狱得情，处断公平，为法官之最。17. 差役均平，盗贼止息，为军职之最。

明政府认为上述考课标准本来是各官职责分内的事，具体功过按职责考核，完全有案可查，因此，就不再规定不同业务官吏的考课标准，而制定称职、平常、不称"三等"和贪、酷、浮躁、不及、老、病、罢、不谨等"八法"。"三等八法"的确立，乃是考课制度的一大进步。首先，一反前代仅重视虚文和仅以一两句评语确定考课等级的办法，而重视对官吏本身品德状况和工作能力的考察。其次，三等八法比较简单易行，重视现实表现，评定是根据事状，将事状造册上报，由主考长官评定等次。这样既重视到官吏实际工作的作风和效果，又结合官吏本身工作能力，使考核的基准明确。

清代在"三等八法"的基础上确定了"四格八法"。"四格"，即守（操守）、政（政绩）、才（才能）、年（年资）。守分廉、平、贪；政分勤、平、怠；才分长、平、短；年分青、中、老。以守廉政勤才长年青为一等，守平政平才平年中为一等，以守贪政怠才短年老为一等。"八法"，即贪、酷、罢软无力、不谨、年老、有疾、浮躁、才力不及，涉及违纪违法或不称职，则按情节给予惩处和降调处分。

官吏的调动与奖惩

春秋以前，贵者恒贵，贱者恒贱，机构简单，职事不繁，职务的变动是很少的。君主赏赐臣下，以资鼓励，这样的事在商代后期已比较常见，赏赐的物品主要是贝和器物。西周赏赐的东西较多，有所谓"九锡"之说。九锡是：车马、衣服、乐则、朱户（门上加红漆）、纳陛（殿堂的台阶不外露）、虎贲（卫士）、弓矢、铁钺（刑戮之具）、秬鬯（祭神用的

第五章 官吏的选举和任用

酒）等。对不朝觐的诸侯，要进行惩罚，如孟子所说的：一不朝，则贬其爵；再不朝，则削其地；三不朝，则六师移之。始于西周的谥法，在官员死后，根据其一生的行为，经众议加一个谥号，这是对大夫以上贵族死后的一种褒贬。

春秋战国时期，对官吏的奖励主要是授予爵位、给予土地和住宅、赏赐粮食等，惩罚有疏远不用、免职、处死等，但还没有形成一套比较完备的制度。

汉代逐渐建立起较为系统的由下而上的调动、奖惩制度。通常的情况是：士人先做公府、郡县的掾史，或进太学学习，通过察举、考试等途径，选为郎官，由郎官出任县令、长或中央部门的属官，一般有一年的试用期，满岁为真。然后通过考核，提拔为郡太守、九卿、御史大夫直至丞相、太尉等。升职一般称迁，逐渐提升称稍迁，越级提拔叫超迁。提升职务本身就是对官吏的一种奖励。除此之外，对官吏的奖赏还有其他多种形式：（1）授予爵位。（2）给予特殊礼遇，如带剑履上殿、入朝不趋、奏事不名、几杖不朝、赐天子旌旗等。（3）赏赐金钱物品，如黄金、安车驷马、上尊酒、甲第（贵显宅第）、奴婢等。（4）图功臣，即为功臣画像。（5）授予"加官"，以示恩宠。（6）增秩（增加俸禄）。对官吏的处分有左迁（降职）、贬秩、削户、策免（上印绶）、禁锢、鞭杖、赐死等。还规定：免职后的郡守、县令，无诏令，不得妄到京师。左迁也称左转，鞭杖亦作撞扑。汉制，调任品秩相同的官，称徙，亦称转。由地方官调任中央或京师官称入，由中央官调任地方官称出。

三国时期，各国都重视根据才能选拔官吏，并根据官吏的功过进行赏罚。在这方面，以蜀国丞相诸葛亮执行得最为严肃认真，做到"赏罚必信，无恶不惩，无善不显"，因此收到"吏不容奸，人怀自厉"的效果，连受处分的人也心悦诚

古代奖赏物品——黄金

服。东晋、南朝，士族豪门垄断官场，崇尚清谈，不务实事，以照例署名、放弃职守为荣，真正做事反受轻视，功过不分，是非颠倒。梁武帝虽曾著令，小县有能，迁为大县，大县有能，迁为三辅令，但很少执行。官吏的升迁，往往不是根据政绩，而是看重门第，或因官位高的人嘱托得迁，或高级长官凭借职权直接提拔亲戚故旧。豪门子弟多不愿做郡县官。官有清浊之分，清指职事少，浊指事务重，由浊得清，胜于迁官。北魏官吏的选用提拔，不问贤愚，多以年资为依据，叫停年格。

　　唐代官吏的升迁，主要根据德、才、劳三项。德均以才，才均以劳，劳必考其实而进退之。玄宗时还规定：不历州县不拟台省。吏部备有每个官吏的簿书（"姓历"），以资查考，还具体规定了升迁的规格和年限，手续、程序日趋完备。但在实际执行中，考核多流于形式，真正起作用的仍是年资，加上吏部过于拘泥案牍和资格，不利于人才的选拔。唐人沈既济批评说："虽曰度德居任，量才授职，计劳升叙，然考校之法，皆在书判簿历，言辞俯仰之间。"在提拔官员时，进士出身的升迁较易，"大者登台阁，小者任州县"。凡升迁，尚书省四品以上，文武官三品以上，皆奏请皇帝裁决。王公、三品以上官员后，太常博士要根据其功过善恶给予谥号，考功郎中要衡量是否适当。如要立碑的，则要召集百官议其生平事迹。宋代官吏的升改，须经过考核，并有奏荐及功赏。凡改官，都有具体的规定，进士出身的优一阶，如留守、两府、两使（节度、观察）判官，进士授太常丞，余人太子中允；节度掌书记，观察支使、防御及团练判官，进士授太子中允，余人著作佐郎，等等。宋太祖担心吏部铨选唯用资历，诏令吏部将官员中历任考核成绩好而又无过失，可以提拔的人，送中书省引验以闻。但做官的人太多，很难精选。太宗曾亲自接见官员，观其有特殊才能的破格使用，后又顾虑有的因缘矫饰，徼幸冒进，因此诏令先送中书门下，考其履历，审慎选用。淳化年间，又进一步规定迁秩的制度：凡制举、进士、九经出身的，校书郎、正字、寺监主簿、助教并转大理评事；评事转本寺丞，任太祝、奉礼郎的转诸寺监丞，诸寺监丞转著作佐郎，或特迁太子中允、秘书郎，等等。自侍郎以上，或历曹，或超曹，皆系特旨。诸科及无出身的，校书郎、正字、寺监主簿、助教并转太祝、奉礼郎，太祝、奉礼郎转大理评事，等等。内职自内客省使以上，非特恩不授。仁宗时著令，正任防御，团练以上，非边功不迁。宋初还曾规定，每年改官，以百人为限。至南宋，官员升迁，皆按成例，而最熟悉成例的是

第五章 官吏的选举和任用

胥吏，升降之权实操于胥吏之手，当时人称吏部为例部。

元代重视怯薛（皇帝卫队）出身，多提拔重用。军官有功升职的，以其子弟袭原职。征战有功过的，验实后升降。军官作战阵亡，按本等承袭，病故的，降二等；子弟无能，则不用。一般官员的迁转以散官为基础，内任以三十月为满，外任以三岁为满，钱谷典守以二岁为满。内任官皆一考升一等，十五月进一阶。外任官或一考进一阶，或两考升一等，或三考升二等。

明代初授者曰听选，升任者曰升迁。凡升迁，必满考。若员缺应补不待满者，曰推升。边官有功者越次迁，误封疆的罪无赦。内地监司皆序迁，其后亦多超迁不拘次，有一岁中四五迁，由佥事至参政者。在外府、州、县正佐，在内大小九卿之属员，皆为常选官，选授迁除，都由吏部。其次用拈阄法，至万历间变为掣签。三品以上政绩显异及死谏、死节、阵亡者，皆得赠官。一般官员的升迁，多循资格与年劳。明代以进士出身的人官员最受重用。英宗以后，非进士不入翰林，非翰林不入内阁，南、北礼部尚书、侍郎及吏部右侍郎，非翰林不任。而庶吉士始进之时，已群目为储相。明代宰辅共170余人，翰林出身的占十分之九。

清代选官以科甲及恩、拔、副、岁、优贡生、荫生出身者为正途，其他为异途。异途经保举，亦同正途，但不得考选科、道。非科甲正途，不为翰林院、詹事府及吏、礼二部官，唯旗员不拘此例。其由各途入官者，以进士最优。由异途出身的，汉人非经保举、汉军非经考试，不授京官及正印官。官吏论俸序迁曰推升，不俟俸满迁秩曰即升。内、外官常互用。初行内升外转制。在内翰、詹、科、道四衙门品望最清，升转特异他官。编修、检讨迁中允、赞善叫开坊，其他如翰、詹、坊、局、国子监堂官、京堂、都得升调，大考上第，擢尤不次。外转始于顺治时，正、少詹事用布政，侍读学士用按察，中允用参政，编修、检讨用副使。康熙时，翰林官有授知府的。外官内升，初定司、道岁三人，汉人以科目出身，且膺卓异，俸荐俱优者为限。官吏升转论俸，外官视年劳为差，异于京秩。在外有边俸、腹俸。腹俸之道、府、州、县佐贰官、首领官，五年无过失，例得迁擢。边俸与此不同，更为优厚。

榜眼与探花

榜眼之名，始于北宋初，当时殿试录取的第二、三名皆称榜眼，意为榜中之双眼，也可称状元。南宋始以榜眼为殿试第二名的专称。王禹偁《送第三人朱严先辈从事和州》诗："货船东下历阳湖，榜眼科名释褐初。"《宋史·陈思浪传》附陈若拙："当时以第二人及第者为榜眼。"探花之名来源于唐代的探花使。唐制，宴进士于杏花园，初会称探花宴，以少俊二人为探花使，北宋又名探花郎。宋魏泰《东轩笔录》六："进士及第后，例期集一月……又选最年少者二人为探花，使赋诗，世谓之探花郎。自唐以来，榜榜有之。"至南宋乃专称殿试一甲第三名为探花。

从元顺帝开始，一甲限三人，即状元、榜眼、探花，像鼎之三足，合称鼎甲。状元居鼎甲之首，因别称鼎元。

第六章

中国古代的官吏与官场

中国古代官场是一个极为复杂的上层社会领域,在一定程度上,中国古代官场的百态,可以说是古代中国政治文化及统治集团内幕的集中反映。

第一节
中国古代官吏的生活

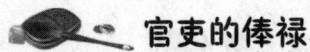 **官吏的俸禄**

俸禄是国家给予在职官吏的固定报酬，在一定的时期内，以实物和货币的形式支付，旨在满足官吏个人和家庭生活的需要。在不同的历史时期内，还采用过免赋役、给力役、赐田土等形式作为补充。俸禄除了作为对官吏担任的职务给予报酬以外，还表明受俸人已经进入了统治机构，成为公职人员，领受俸禄也是对其已跻身为统治阶层成员的认可。俸禄不是世袭待遇，而是随着职务的变动随时升降，其数额多寡也是根据职务的高低而定的。

俸禄制度是在早期国家的"世禄制"基础上发展起来的。早期国家按照等级高低，分别享有不同数额的封邑，也称"采邑"。采邑的土地和各种赋税收入作为本等级的"禄"，因此也称"食邑"。这种食邑是世袭的，所以称为"世禄制"。周代曾经规定采邑额按人口数目为计算单位，九命为2880口，一命为18口，最高和最低差额为160倍。这种食邑制是在人口和人均土地数额固定的情况下而规定的固定赋税额，实际上是对各级官员的经济收入做了原则上的界定，由于封户的人身依附于被封者，故此，食封者对所封采邑也有统治权。战国时，各国对这种分封的"采邑"制进行根本的改革。首先，收回封君在自己封邑的统治权，封邑同郡县一样，必须奉行国家统一的法令，由国君派官吏进行管理，封君仅享有封邑赋税的部分收入。其次，削减封邑的规模，早期的封君多以都邑、城市或郡县为封邑，以后逐渐改为以征税户数为单位，使封君失去固定的势力范围。再次，减免封君的世袭权，在受封时明文规定是否世袭，限定世袭几代。

第六章　中国古代的官吏与官场

春秋战国时期，由于官僚制逐渐取代世卿制，俸禄制也就逐渐取代了世禄制。由于当时社会经济状况，这种俸禄主要是以粮食多少作为等差。秦汉相因，从丞相、太尉的万石到最低的佐史百石，分成若干等级，根据不同的等级，享受不同数目的"粟谷"。等级和粟谷数目是随着社会政治和经济而经常变化的。这些等级大体分为三个级差：万石至比二千石，级差在二十斛以上；比二千石至四百石，级差为十斛；四百石以下，级差为七到三斛。最高俸禄是最低俸禄的97倍。自西汉起，俸禄支付物和级差就不断变化。支付物有钱、布帛、谷物等，逐渐集中到流通的货币。级差则逐渐缩小，尤其是最高级与最低级之间的差距逐渐缩小，从最初的差额数十倍，到清代的京官一品与从九品的俸禄差额已经不足6倍。

从历代俸禄额的发展变化来看，额定的俸禄是在不断的减少，但官吏们的生活却越来越奢侈。汉代的县令，"一月之禄，得粟二十斛（约280千克）钱二千"，县令至少需要有从者一人，是县令出钱自雇的，"客庸一月千刍，膏肉五百，薪炭盐菜又五百，二人食粟六斛，其余财足给马（匹）"，县令不带家属赴任已经很难维生。清代的知县月俸银不足四两，按当时的物价，只能买两担白米。实际上这些县太爷不但要供养父母妻子，还要支付幕宾的薪水、家人的用度、亲故的周济，还要置产建业。除此之外，还有送往迎来，孝敬上司，贿赂权贵等难以估算的开支。这些开支是从何而来的呢？

如果我们把历代官吏的俸禄和当时的物价及他们的消费水平做一比较，可以看到所有的官吏都不可能单纯依靠俸禄生活，必然有其他收入，而这些收入还远远超过俸禄。清代有人专门为当时的首府首县填了一首歌词云："红，圆融，路路通，认识古董，不怕大亏空，围棋马吊中中，梨园子弟殷勤奉，衣服齐整言语从容，主恩宪眷满口常称颂，坐上客常满樽中酒不空。"从这首歌词中，我们可以看出三个问题：一是官吏在俸禄之外另有额外的补充，二是官吏可以把部分公费作为自己应酬和生活开支，三是依靠贪污受贿和敲诈勒索。

历代官吏在俸禄以外的收入是相当可观的，这些收入可以分为两大部分：一部分是国家承认的各种补贴，另一部分是国家默许而听任官吏们赚取的"陋规"。前一部分实

古代货币

际上是很多的，如宋代的官员有傔（杂役奴仆）衣粮、傔人餐钱、茶、酒、厨料、薪、炭、蒿、盐、马料、纸笔、差费等诸多名目，对高级官员还有其他"增给"钱物的名目，这些收入实际上已经超过俸禄；此外，还有专项的公用钱供官府借贷收息，专门的职田供官府收租，这些利息和租粮除由各级官府长官特殊支用之外，大部分发放给本部门的官吏，实际上也是官吏收入的补充。这种补充是国家认可的，在没有职田和放贷利息的情况下，政府也给官吏一些补充，如清代官俸之外发放养廉银和恩俸，京官一品的年俸是180两，恩俸则是270两；外官总督的年俸也是180两，养廉银则多至1.5万两，养廉银竟是年俸的80多倍。再如，明代的知县月俸七石五斗（内有食米二石，余每石折钞十五贯），钦给马一匹，柴薪皂隶四名（每名折银十二两）；县丞月俸六石五斗（内食米二石，余折钞），钦给马一匹，柴薪皂隶二名；主簿月俸五石五斗（内食米二石，余折钞），钦给马一匹，柴薪皂隶二名；典史月俸三石，钦给马一匹，柴薪皂隶一名；教谕、训导月俸各二石，廪馔米各一石，斋夫各二名（每名折银十二两），这些补贴都超过俸禄的收入。后一部分则更多，这些不在典章规定范围内的"陋规"，给官吏提供大量的经济收入。陋规的名目繁多，如地方官府派人赴京到有关部门办事用印，京城各部门要收取一定费用，称为"印规"；学官收取士子定期送礼，称为"学规"；狱官收取犯人家属探监钱，称为"监规"；本地商贾给地方官送礼，下级给上级送礼，称为"年规"、"节规"，涉及范围相当广泛，凡是涉及权力问题，都有金钱收入。以明代的州县来说，各以其地处肥瘠不同，存在一些"公事"、"羡余"、"规礼"、"罚赎"等非国家规定而又被国家默许的收入，这些收入不但多于俸禄，而且成为州县的主要经济来源。如长洲知县俞集在任时，"首除税外羡银千余两"；海瑞在淳安任上一次革去各项不正当收入6000余两，这些革除部分就如此之多，其未革者不知凡几。以地方征收钱粮加耗来说，"正额五升，若加六则正耗总八升。今每亩加耗一斗，则是纳一斗五升已增一半矣，夫耗米反多于正额，其理已自不通"。至于那些"八分纸价、赎罪、赃罚银钱、香钱、引契、鱼盐、茶酒等税不系解库者"，更是州县官吏的重要经济来源。他们"征收有羡余，又有额外之征；罚赎有加耗，又有法外之罚；扣差役工食，月赏牌票；减驿所站价，坐派里甲行户，无物不取，却一钱不给；市税私给行帖，又帖上加银"。正因为地方官有这样不成文的陋规收入，有权有势的朝臣、宦官便经常"横索外官钱无计"；州县的上司们勒

第六章 中国古代的官吏与官场

索,巧取"无实之费";而地方官吏却并未因这些横索而倾家荡产,只不过将借陋规刮削而来的不义之财,抽出若干给有权有势者分润,借此以倚靠为保护伞,"三年清知府,十万雪花银";乃至"初试为县令,即已买田宅,盛舆贩金玉玩好,种种毕具",应该说这些"陋规"才是官吏们的主要经济来源。

唐代的"机关食堂"

完整意义上的机关食堂制度,似乎自唐初开始确立。唐太宗李世民"克定天下,方勤于治",决定延长定期举行朝会的时间。朝会,就是由皇帝主持的、有中央各部门有关官员参加的议政会议,一般都安排在早晨,故往往又称早朝。早朝开始的时间在5~7点。由于起身太早,所以参加早朝的官员通常都是在上朝前先吃些点心垫底,到散会后再吃正餐,《隋唐嘉话》里就有名相刘晏在上朝途中买得胡饼边吃边行的故事。现在会议时间拖长了,势必造成大家误餐,所以唐太宗又以"聊备薄菲"为配套措施,即所有与会者都可享受一顿免费的"朝食",食堂就设在举行朝会之金銮殿的廊庑下。因行之有效,备受欢迎,没过多久,这项办法又推广到京师其他官署和各级地方政府,成为定制。蔡词立是晚唐人,其《虔州孔目院食堂记》称:"京百司至于天下郡府,有曹署者,则有公厨。"可知这项由唐太宗创立的食堂制度,竟维持了近300年。

唐代的典章制度,几经更易,何以食堂制度能坚持始终?综其食堂要点:一是让平时各坐各的厅廨、各办各的公事之大大小小的官员,借助会餐食堂,获得一个和睦融洽的氛围,人际关系的改善,自然有利于共同治事职能的发挥,齐心协力把工作做好。二是在此基础上,增进各相关部门科室的联络,促进信息互通。坐机关者都有这样的经验,一件公事的办理妥善与否,往往涉及同其他部门的配合(唐代官场术语叫"联事者"),倘若全靠具文行移交换意见,势必因公文履行而降低行政效率。有了食堂,"凡

古代官员在食堂围桌就餐图

联事者，因于会食，遂以议政，比其同异，齐其疾徐"，协调认识提高功效的好处毋须赘言。三是创造了一个集思广益的群言堂形式，"事有疑，狱有冤，化未洽，弊未去，有善未彰，有恶未除，皆得以议之"，实际上就是将"联事者"的效应扩大到对本单位所有工作的关心，提高整体意识。

此外，实践中的机关食堂会餐，也是一种非正规的作风批评与调解矛盾的评议场合。赵璘《因话录》卷五中，有一长篇专述御史台食堂会餐的情景，略谓每次吃完饭后，都要由一个知杂事的御史（简称"杂端"）站起来，点名列举某同事有何过错，某同事有何失误，违犯了机关内部纪律的哪一条。其时气氛严肃，"皆绝言笑"，但有时批评者即"杂端"说着说着，自己忍不住笑了起来，结果满座皆笑，"谓之烘堂"，哄堂大笑这句成语，就是出此典故。而彼此间的芥蒂或意见，多半能在这种公众性见证的氛围中化解，这就是《刘记》所云"无面从退言之诮，无訐厚薄责之嫌"的效果。总之，"（食）堂之作，不专在饮食，亦有政教之大端焉"。

严格点讲，唐代文献中的"食堂"，特指机关餐厅建筑而言，整套"烹饪之养"制度及其性质的规范性称呼，则谓"公厨"。公厨中档次最高的，就是摆在金銮殿廊庑下的"朝食"，因为是天子请客，俗称"天厨"，准确定义应是参加朝会的常参官员的食堂。王梵志诗云："仕人作官职，人中第一好。行即食天厨，坐时请月料。"说明凡一定品级以上的地方官员进京汇报工作，都可去天厨用餐。不在出席朝会范围内的其他在京官吏，都在本部门公厨享用工作餐，典章中称"百司官厨"，其中档次最高的是宰相办公的政事堂厨，简称"堂厨"。

《唐会要》卷五三记，高宗龙朔二年（662年），宰相们曾以"政事堂供馔珍羹"为题召开会议，讨论削减伙食标准，马上有人反对说："这顿丰盛的公餐，是皇上对中枢机务特别重视的表示。如果我们不称职，就该自请辞职以让贤能，不必以减削标准邀求虚名。"于是罢议。各级地方政府及中央各有关部门的派驻机构，亦各有本署公厨，如前引诸记中县食堂、判曹食堂、孔目院食堂、节度使院食堂等名目。另外，所有上述公厨在为官员们提供工作餐的同时，还要另办专供吏员即一般科员或办事员吃饭的食堂，称"吏厨"或"佐史厨"、"府史厨"等。

第六章 中国古代的官吏与官场

官吏的休假

古代官吏平时的休假称"告归",春秋战国时已实行。《战国策·秦策》载:"孝公已死,惠王代后,莅政有顷,商鞅告归。"此处告归,即休假,但具体情况不详,至汉代始形成制度。

汉代官吏每五天休息一天,因官吏多利用休假洗汤沐浴,故亦称"休沐"。《初学记》引《汉律》"吏五日得一休沐",即是这种情况。汉官吏休沐之日不赴府署办公,除沐浴外,还处理各种家务,拜谒父母及宴会宾友。至唐代,休息日改为"旬假",一月分为上、中、下三旬休假,即每十天休息一天。

除平时休假外,还有节假日的休假,各朝规定不一。汉代规定每年的夏至、冬至休假两天。《汉书·薛宣传》引师古曰:"冬夏之日,不省官事,故休吏。"唐朝的节假日除有寒食节、清明节外,还有五月的"田假",九月的"授衣假"。皇帝的生日,唐代称"降圣节"、"千秋节",后称"天长节",也照例放假三天。明代曾有令"赐元宵节假十日"。此外,各朝重视端午、中秋、春节等重要节日,都规定有不等时日的假期。官吏借假日与家人团聚,相会亲朋邻里,如王勃在《滕王阁序》中有"十旬休假,胜友如云"。

官吏有私事或患病请假总称为"告"。唐规定事假不得超过三天,且不能在朝会之日。病假一般以三月为限,超过三月,如未得批准延期,则免去官职。但这只是一个尺度,掌握上各朝略有不同,如汉代规定"病满三月,当免",而唐代"满百日免"。病越三月,官员要自动辞位,否则朝廷要对其止支俸粮。病假期间,官员得到上司同意方可归家养病,但对驻守边镇重地的郡守,汉成帝时还"以二千石守千里之地,任兵马之重,不宜去郡",要其在任地养病,不准离地。官吏病过三月,如能得到皇帝恩准,可延长其假期,称"赐告"。赐告有一定限度,不能过多,即使皇帝也要受到大臣一定的制约。汉代"(汲)黯多病,病且满三月,上常赐告者数,终不愈。最后,严助为请告",汲黯终因病过三月,被严助奏劾而免官。

政府对官员的病假虚实要调查,如发现官员有诈病请假,将受到革职处分,"告病官员,托故诈病者,发觉之日,令本官赴部验看,如无疾病,将本官革职"。

历代对地方州、府、县官员的病事假，控制较严，不允许他们请假离境。如不得已，可请"出界假"，以一月为限。超过一月，扣其料钱，并支付给代理人。这种规定，旨在限制地方主要官员离任太久，以致延误守责。

请事假、病假有一定手续。唐代规定，三品以上官员请事病假要得到皇帝的批准，四品以下要本司长官同意，并向中书门下省备案，御史台则进行监纠；假期届满，要销假。

赐予假期也是政府奖励官员的一种手段。汉官吏考绩有功，课"最"，为表彰其政绩赐予一定时日的假期，称"予告"或"功告"。

古代凶曰宁，宁假是汉代对丧假的称呼。《汉书·哀帝纪》引师古曰："宁，谓处家持丧服。"魏晋以后则称做"丁忧"。汉初崇尚节俭，提倡丧制从简，规定丧假三十六日，"汉制，自文帝遗诏之后，国家遵以为常，大功十五日，小功十四日，缌麻七日，（翟）方进以大臣故云不敢揄制"。魏晋后，崇尚孝道厚葬，父母病逝要"解职守志"，一般为三年。晋泰始三年（267年）三月戊寅，"初令二千石得终三年"。三年服丧制一直延续至清末，但对高级官吏或重要人物，皇帝可按需要继续留任视事或夺丧赴官，不强求一律三年，因工作需要提前复任，叫"停忧起复"。

"省亲"、"拜扫"，是对古代官员探亲假的称呼，对此各朝也有详细规定。如唐代规定，父母在三千里以外的，三年一次，给假三十五日（《太平御览》作三十日）；在五百里以内的，五年一次，给假十五日。五品以上官员的省亲要得到皇帝的批准。

在休假制度中，还有婚假，唐代规定婚假九天，另有祭祖假、迁葬假等。明代还有送亲假及送幼子还乡假等，在官员休假制度中都有所规定。送亲假是京官有父母随任，年事已迈，奏请送还乡者，按地方远近给予一定假日。送幼子还乡假，是官员如妻殁，幼子无人照顾，送幼子还乡的假日。这些假期反映了我国古代尊老爱幼的优良传统，但一般控制较严，不论是送亲假还是送幼子还乡假，都必须"行勘是实，官具奏，许在家两个月，违限半年以上者，送问"。

 官吏的退休

我国古代官员退休称"致仕"、"休致"或"告老"。早在商、周时期已初具雏形，到了春秋时期，晋、卫等国已普遍实行退休制度，当时称为"请

第六章 中国古代的官吏与官场

老"、"告老"等。到了秦汉时期,致仕制度已经十分完善。

由于秦二世在位时间短暂,他所开创的典型的封建官员退休制度到了汉代才进一步系统化,并得以定型。据班固《白虎通义》记载,汉代退休制度有如下规定:

1. 官吏年70岁,耳目不聪,腿脚不便,就必须致仕。

2. 官员告老退休后,朝廷给其原俸禄的1/3,以示尊贤。致仕官员给俸之制,始于西汉末年,平帝元始元年(公元1年)定制:"天下吏比二千石以上年老致仕者,三分故禄,以一与之,终其身。"根据这一规定,只有比二千石以上五级官员退休,才能领取原俸1/3以养老,一千石以下各级官员尚无法享受领取退休金的待遇。除正常的退休金之外,高级官员退休,朝廷还要给予优厚的赏赐,如丞相韦贤、御史大夫杜延年以年老告退时,皇帝皆赐黄金100斤,另赐安车驷马、牛酒医药。

魏晋南北朝时期,由于政治极度动荡,官员的退休制度很难实施,正如时论所言:"仕进以无耻苟得为才能,当官以照例署名为尽责。列官千百,难得有一个让贤之官。"因而造成了机构臃肿,人浮于事。南梁时期,已是"骑都塞市,郎将填街",南陈时,更是"员外常侍,路上比肩;咨议参军,市中无数"。上述情况,当然加剧了南朝政权的衰败。

唐朝官员退休以70岁为限,但这只是常例,并非不容许例外情况。一方面,"年七十以上应致仕,若余力未衰,亦听厘务";另一方面,"年虽少,形容衰老者,亦听致仕"。上述两个方面表明,唐朝退休制度主要以官员的身体状况为依据。唐制规定,凡申请致仕者,五品以上奏闻,六品以下由尚书省录奏。退休以后,五品以上官可得半禄。有功之臣蒙得皇帝恩典,亦可得到全禄,但有唐一代得此恩典者甚少。京官六品以下、外官五品以下退休,各有永业田可以养老。太宗贞观(626~649年)初,诏文武百官致仕者有"参朝"的荣誉,并规定:"参朝之日,宜在本品现任之上。"这是给予退休官员地位上的荣典。致仕官员回乡居住,如家境贫寒,路途遥远,皇帝可专给"公乘"送回,以示优待。但中唐以后,政治渐趋腐败,官吏贪恋禄位,致仕制度也遭破坏,以至于有年已70岁甚至80岁尚未退休者。

宋朝的致仕制度规定,文武官员年满70岁可以致仕,待遇特别优厚,往往加衔晋级。一般官员致仕,都可升转一官,如不愿升官转资,其亲属中以1~3名可得到较低官衔。高级官员更受尊崇,致仕时凡带平章事职衔者,每

167

遇朝会，宜充中书门下班，参议朝政。致仕官吏按品级高低，其子孙可以"荫补"一定的官职。为了安置致仕官吏，自宋真宗（998～1022年）时起，还特设祠禄官，即让退休的高级官吏去管理道教宫观，以借其名义领取俸禄，故称之为"祠禄官"。

宋朝致仕官员，原则上只给半禄，但有功之臣，如皇帝恩准，可以领取全禄，如王彦超致仕，太祖诏给大将军俸，上官正致仕，也赐全禄。至太宗淳化（990～994年）初年，方规定凡致仕官员只给半俸。真宗大中祥符（1008～1016年）年间，又下诏致仕官员发给全禄。虽然宋朝对退休官员极为优容，但官吏一般都贪恋权位，不愿引退。包拯曾为此提出建议，要求皇帝下令御史台，一旦文武官员年满70岁，就要劝讽其主动致仕，如果其不接受劝讽则御史台要上本参奏。

明朝官吏退休制度有一些新规定。洪武十三年（1381年），将致仕年龄提前，规定："文武官六十以上者，听致仕，给以诰敕。"同时还规定，官员老病不能任事者，则随时勒令其致仕。孝宗弘治四年（1491年），又规定凡告疾官员，年55岁以上者，冠带致仕；未及55岁者，冠带闲住。65岁以上官员致仕，则不再铨选任用。致仕后待遇优厚，明初规定，官员凡致仕者，与现任相同，朝廷待以优礼，四品以下官升一级，给诰敕。其后大臣致仕用公家专车送回，沿途驿传照皇命接待侍候。致仕官如果在任职期间，9年考满均称职而无过者，致仕时，特准升职事官二级。有时皇帝还为退休官员供给月米、夫役、赐敕嘉奖，退休官员的俸禄，有给田和给俸。明初规定，凡内外文武官员年老致仕者，三品以上原俸，四品以下各升一等，发给诰敕。但任官未满3年，或因故降级使用的官员不适用这一规定。官员致仕后一般都回乡居住，不得留住京师和任所所在城市，宰相多数亦不例外。这是防止致仕大臣勾结内外朝官，干预朝政。致仕归养而死亡者，皇帝也多赠官、赐谥，以作为褒奖。

清朝致仕制度基本沿袭明制。官员退休一般称为休致，退休年龄为60岁。乾隆时规定，凡大小官员致仕，有世职者，照品给俸；无世职者，致仕者仍给半俸，未到60岁因病致仕者，则不再给俸。国家重臣致仕，则给全俸。清朝武官致仕年龄限制较低，副将以下，年满60岁即行罢斥，参将以54岁为限，游击以51岁为限，都司、守备以48岁为限。清朝大臣退休后，除个别被皇帝留京备顾问外，一般都回原籍，由皇帝决定"赏食原俸"或半俸。

第六章 中国古代的官吏与官场

如果能"赏食原俸",则是一种特殊的恩典。

官吏的谥号与别号

古代帝王、诸侯、卿大夫、高官大臣等死后,朝廷根据他们的生平事迹给予一种称号以褒贬其善恶,称为谥或谥号。在中国古代的官场上,图慕虚名的士大夫是很计较、重视谥号的。因为绝大部分谥号都是褒义的,这正应了中国的一个俗语:盖棺论定,人死都死了,还是多说好话。这自然可以流芳千古,庇护儿孙了。所以说谥号有很大的虚伪性。

谥号有固定的一些字,这些字被赋予特定的含义,用来指称死者的美德、恶德等。谥号大致可以分为三类:

表扬的,例如:

经纬天地曰文　布义行刚曰景
威强睿德曰武　柔质慈民曰惠
圣闻周达曰昭　圣善闻周曰宣
行义悦民曰元　安民立政曰成
布纲治纪曰平　照临四方曰明
辟土服远曰恒　聪明睿知曰献
温柔好乐曰康　布德执义曰穆

批评的,例如:

乱而不损曰灵
好内远礼曰炀
杀戮无辜曰厉

同情的,例如:

恭仁短折曰哀
在国遭忧曰愍
慈仁短折曰怀

如此等等。

比如三国时蜀丞相诸葛亮,封武乡侯,谥忠武。他的文集称《诸葛忠武侯集》。南朝梁武帝的太子萧统,谥昭明。他主持编辑的一部文学作品选集称《昭明文选》,他的文集称《昭明太子集》。宋代大文豪欧阳修谥文忠,世称欧阳文忠公。南宋民族英雄岳飞谥武穆，后人称他武穆王。

除了谥号外，官僚士大夫还盛行私谥，因为这种谥不出于朝廷，而是由亲朋门人评议所定的。如春秋时代鲁国大夫展禽，死后由他的门徒谥为惠，因居柳下地方，即称柳下惠，这是一个被官场传为佳话的"坐怀不乱"的讲名节、讲廉耻的正人君子。东汉著名士大夫陈寔死后，赴吊者3万余人，谥为文范先生。晋代大文豪陶渊明死后，著名文士颜延年为他作诔（一种纪念性文体），谥为靖节徵士，世称靖节先生，他的诗注称《陶靖节诗注》。

封号是帝王封给臣属爵位或土地时所加的称号。这更是士大夫阶层终身想追求的。如战国时代卫国人公孙鞅，在秦国执政，因功封商，於十五邑，称为商君，也称商鞅。他的著作称《商君书》。汉高祖刘邦之子刘安，封淮南王。他主持编写的一部书称《淮南子》。唐代的张说，封燕国公。他的文集称《张燕公集》。宋代大政治家、大文学家王安石，封荆国公。他的年谱称《王荆公年谱》。

这样，谥号、私谥、封号无疑成了这些士大夫的又一名号。

在中国古代，士大夫阶层，特别是文人往往以住地和志趣等为自己取号。"号"就成了一种固定的别名，因而又称别号。如唐代大诗人李白，家居绵州昌隆（今四川江油县）青莲乡，故号青莲居士。宋代大文豪苏轼谪居黄州（今湖北黄冈）时，筑室于东坡，因自号东坡居士。又如明代唐寅的六如居士，清代郑燮的板桥，都是后人熟知的别号。有的别号的使用率（如苏东坡、郑板桥等）甚至超过了本名。别号是使用者本人起的，既不像姓名要受家族、行辈的限制，也不像谥号、封号要受朝廷的追封，因而可以自由地抒发或标榜使用者的某种情操。别号中常见的"居士"、"山人"之类就是为了表示使用者鄙视利禄的志趣。宋代欧阳修晚年号"六一居士"，就是以一万卷书、一千卷古金石文、一张琴、一局棋、一壶酒加上他本人一老翁，共六个"一"取号。南宋爱国诗人陆游愤世嫉俗，被权贵们讥为不守礼法，他就自号"放翁"，表示对他们的蔑视。南宋画家郑思肖在

欧阳修雕塑

第六章　中国古代的官吏与官场

宋亡后自号"所南"（表示心向南方，和文天祥诗"臣心一片磁针石，不指南方誓不休"是同样的意思），又号"木穴国人"（木穴合写就是"宋"，表示不忘故国）。明代画家朱耷在明亡后取号"八大山人"（这四个字竖行连写似"哭之"或"笑之"的字样，寓"哭笑不得"之意），来抒发自己怀念故国的悲愤之情。当然，更多的官僚为自己取的各种动听的别号不过是附庸风雅、沽名钓誉罢了。

除了自取的别号外，还有他人所取的别号，这就相当于今日的"绰号"了。春秋时百里奚沦落楚国为奴，被秦穆公用五张羖（指黑公羊）皮赎回秦国，人称"五羖大夫"。唐代奸相李义府同人说话时，满脸笑容，可是他的内心却非常阴险，被人称为"笑中刀"。宋代王珪任宰相十多年除"取旨、领旨、传旨"外不干别的事，被时人称为"三旨相公"。这两个绰号形象又入木三分地刻画出封建官僚的可憎嘴脸。

在中国古代官场上，还盛行用地名、官爵名等来代替个人姓名的现象。例如用地名（包括出生地、住地和任职所在地等）来代替的，如东汉孔融，曾任北海相，被人称为孔北海。唐代文学家韩愈，河南河阳人，自谓郡望昌黎，被人称为韩昌黎。柳宗元家居山西河东，世称柳河东，又贬官柳州刺史，又人称柳柳州。以地名称人在封建时代的官场里是表尊敬，叫作称"地望"。清末有人作了一副对联："宰相合肥天下瘦，司农常熟世间荒。"上联指任北洋大臣（相当于宰相）的李鸿章，他是合肥人。下联指任户部尚书（相当于司农）的翁同龢。他是常熟人。就利用了"地望"，辛辣地讽刺了封建官僚的贪婪。

又如以官爵名，包括职衔、封号来代替名字的。东汉发出"穷当益坚，老当益壮"豪言的马援曾任伏波将军，被人称为马伏波。蔡邕曾任中郎将，被人称为蔡中郎。唐代杜甫曾任工部员外郎、左拾遗，后人就称他为杜工部、杜拾遗。这些起着姓名作用的地点名称、官职名称等，大都是他人、后人使用的，自己并不使用。因而这与自己起的别号是有区别的。

衙门的来历

衙门，是我国古代官署的通称。它的来历，可追溯到西周。在《诗经》里面，把武官祈父（即司马）比作王的爪牙。《诗·小雅·祈父》："祈父，予王之爪牙。"汉代军营门口皆树旗帜，两边刻绘成牙状，称为牙旗，因称营门为牙门。《后汉书·袁绍传》："遂到瓒营，拔其牙门。"当时的牙门即指军府。魏晋以后崇尚武职，公府通称公牙，府门通称牙门。《南史·侯景传》："景之为丞相，居于西州，将率谋臣，朝必集行列门外，谓之牙门。"牙后又写作"衙"。《北齐书·齐世良传》："每日衙门虚寂，无复诉讼者。"唐代皇帝的宫殿称"衙"，殿门称"衙门"，禁卫兵称衙兵，有南北衙之分。

第二节
中国古代的官场百态

古代回避制度

在谈到古代的任官制度时，有一个与此相关的重要制度有必要在此着重介绍一下，这就是古代任官时的回避制度。

第六章 中国古代的官吏与官场

所谓"回避",就是为了避免官场中的徇私,在任官时规定某些人不能担任某些职务而必须回避的制度。这种制度,开始于东汉后期,是为了防止"州郡相党,人情比周"而采取的一些措施,如相互通婚之家不得为上下级官员之类。以后陆续有所发展,普遍于唐宋,而严密于明清。大约又可分为三个方面:亲族回避、地区回避、职务回避。

亲族回避,就是规定有嫡系亲属关系及母家、妻家近亲关系者,不能在一个官衙中任职,或不能在一个地区的不同官衙中任主要官职;中央高级官员的亲属不得在京师及附近任府县官,职卑者应当回避,改任他官,以免徇私舞弊。如《旧唐书·张文瓘传》:"累迁水部员外郎,时兄文琮为户部侍郎。旧制,兄弟不许并居台阁,遂出为云阳令。"又如《旧唐书·杜佑传》:杜佑之子从郁,"元和初转左补阙。谏官崔群、韦贯之、独孤郁等,以从郁宰相子,不合为谏官,乃降授左拾遗。群等复执曰:'拾遗之与补阙,唯资品有殊,皆名谏列。父为宰相,子为谏官,若政有得失,不可以子论父。'乃改为秘书丞"。唐代元和十年(815年),杨嗣复被任为礼部员外郎,可此时他的父亲杨于陵正在任户部侍郎,俱为尚书省属官,于是他连忙"上言与父同省非便,请换他官"。唐宪宗认为,他们父子虽在一省,但职司不同,无上下关系,"不在回避之限",杨嗣复才能就职。由此可知,唐代虽行回避之制,但还不很严密。宋代的规定较唐代明确一些,如宋初规定"父子兄弟及亲近之在两府者,与侍从执政之官,必相回避"。这里所说的"两府",指宰相府(即中书门下,又称政事堂)与枢密院。例如,熙宁初年,吕公弼任枢密使,其弟吕公著被任命为御史中丞,而且还可能提升。于是,"公弼闻之,义不能安,遂乞罢枢府。久之,以观文殿学士知并州"。以后稍宽一点,但仍坚持应"避本省官",即按中央的三省系统,亲属不得同在本省为官。宰相的子弟,一般不任京官,故陈尧叟、晏殊等人当宰相时,连自己的女婿都另改他职。这类回避制度历代具体规定有所不同,以清代最严,凡京中各衙主官的子、孙、侄、弟,以及舅父、岳父、妻弟、女婿、外甥等都不能在衙中任职,表兄弟、两亲家等也得回避。对司法、监察、钱粮、主考等方面的官员回避制度尤其严格,凡三品以上京官的子弟一律不得担任监察系统的官职。对地方官的要求与京官大体相同,各级主官的亲族均不得在所辖地区做官,并特地加上师生关系一条。还规定,本省中道、府以上地方官中有兄弟、叔侄等关系的,应与外省对调。凡省级主要官员如总督、巡抚、布政使、按察使等受

命之时,若与该省中其他主要官员如学政、河工、盐务等有亲属关系者应上奏皇帝,由朝廷决定是否需要回避。

亲族回避,也包括与职官密不可分的科举。如唐代规定,凡主考官礼部侍郎的亲族参加考试的,叫作"别头",要由吏部的考功员外郎专门主试,叫"考功别头试",这也是一种回避。宋代继续此制。到了清代更为严格,乡试、会试之主考、同考、房官、知贡举、监试、提调等官的子孙及宗族均不许入场考试,一律回避。

地区回避,就是规定本地人不得在本地为官,以免因乡土、亲戚关系而结党营私。这一制度也始于东汉末年,但一直到唐宋时期,在执行时都不很严格。明清时代的有关规定比较明确,而且正如赵翼在《陔余丛考》卷二十七《仕宦避本籍》所总结:"回避之例,至明始严。"如清顺治时的规定是:"外官回避本省,教职回避本府,户、刑、工部司官回避本省(按:因为这三部所属各司分管各省事务)。"由于当时财赋的主要供应地区是苏杭平原,故又"令户部司官,不得用苏、松、常、镇、杭、嘉、湖人"。康熙时又补充规定,"五百里内者,省虽有别,仍应回避"。雍正时将回避制度扩大到满、蒙、汉军八旗人员,"应照汉人回避本省之例,凡遇直隶道、府、州、县等缺,于诠送时扣除"。而且,这种回避本省的制度中,除本人的家乡之外,还包括祖籍所在地,包括本人做官之前当过幕僚的地区在内。对于各官府的吏员,回避制度较官员稍宽,只是"不得在本州、本县及距离本籍三百里以内当差"。

地区回避对地方各级学官,即府学教授、州学学正、县学教谕及各级学校中的训导,限制较宽,规定只回避本府,即可在省内其他各府任职,即所谓"教职回避本府"。例如清代著名四川经学家廖平于光绪十五年(1889年)考中进士,朝考三等,决定任命他做知县。他为了能在本省任职以便照看老父老母,于是"以亲老请改教职",结果被任为四川龙安府学教授。之所以会对学官有所放宽,很可能是考虑到在本省方能通本地语言与风土人情,便于教学。

职务回避,这是清代对亲族回避与地区回避的一种补充。是既关涉亲属、又关涉地区的回避,主要的规定有:

中央各部中分管各省事务的各司的主官,不得用该省籍人士担任。例如户部下设十四个司,分管十四个省的事务,则山西司郎中不得用山西人,山东司郎中不得用山东人,余类推。与此相关,若本司郎中与所管省的主要官员布政使、按察使有亲族关系,也应回避。同时,直隶人不能担任维持京师

第六章 中国古代的官吏与官场

治安的五城兵马司，也属这类回避。

都察院中的监察御史，不能监察本省，也不能受理有关本省的案件。凡京官三品以上、地方官中总督、巡抚等大员的子弟，则不能在京中担任御史。这类规定很明显是为了防止内外勾结、防止利用监察的权力谋私。

自雍正设立军机处之后，军机处逐渐成为中央的权力中心，为防止内外勾结、防止泄露机密，所以"大员子弟不准充军机章京"。嘉庆十六年（1811年）更明确规定："文职京官三品以上，外官臬司以上，武职京官副都统以上，外官总兵以上之亲子"一律回避。这是清代一种颇为特殊的回避制度。

以上就是关于回避制度的主要情况。还有两点需要说明：一是回避制度大多是针对文职官员或兼管文武的官员而言，武职官员由于军事调动、征战转徙的具体情况，所受限制要比文职少得多。例如，清代回避制度最严，也规定凡水师军官不避本省，陆军则只有各省绿营的高级军官回避本省。中级军官只须隔府，千总以下军官则不必回避。二是清代捐官之风特盛，所以回避之制也可以用钱来化掉，"咸、同以来，复有捐免回避之例"。这又是官场腐败之一例。

习以为常的卖官鬻爵

中国古代官场得官之一途就是"捐官"，即花钱买官。捐官又称"捐纳"、"捐班"、"捐输"、"捐前程"等。这本是古代封建政府以授予官职筹资的办法，是对捐资人的一种褒奖。它起源很早，始于秦代。当年始皇帝因飞蝗成灾下诏，凡百姓缴粟千石的拜爵一级。汉文帝也曾接受晁错"务农贵粟"建议，下诏准许百姓缴粟赎罪或给予爵位。以后历朝历代都沿袭此法，时因筹饷、赈灾、备边或兴办工程等事，用捐纳作为取得经费的来源。捐纳人在纳资或粮食后，即可得官位或褒奖。清初，朝廷也屡用捐纳筹措饷银，但这仍是一种临时性筹资措施。乾隆以后才出现经常性的捐纳。鸦片战争后，国家财政支出激增，兼之战争、灾荒不时发生，于是广开捐例，京官自郎中以下，外官自道台以下，均可捐纳。到清末，捐纳盛行，官职变成商品，结果产生大量腐败昏聩的官吏和骇人听闻的贪污现象。

清谚云："捐官做，买马骑。"捐与买并称，表明"捐"不过是"买"的美称罢了。其实，明代小说《金瓶梅》就谈到了官场上这个弊端："看官听说：那

时徽宗，天下失政，奸臣当道，谗佞盈朝，高、杨、童、蔡四个奸党，在朝中卖官鬻爵，贿赂公行，悬秤升官，指方补价，夤缘钻刺者，骤升美任；贤能廉直者，经岁不除。以致风俗颓败，赃官污吏，遍满天下。""正是：宝贵必因奸巧得，功名全仗邓通成。"（邓通，汉文帝时官至上大夫，许其铸钱，邓氏钱遍于天下，后人常用他的名字作为钱的代称。）吴趼人在《俏皮话》中描写一个靠花钱得官，升官的捐官者，揭露了捐官即买官的实质："某大人以捐纳致通显。初捐佐杂，既而渐捐升至道员，俄而得记名，俄而补缺，俄而升官，俄而升捐花翎，俄而加头品顶戴，历任至封疆，无非借孔方之力为之。"

由于捐官靠的是钱，所以大量有钱而无能的人当了官。清初，董含在《三冈识略》中描述捐官的纨绔子弟道："迨开捐纳之例，于是纨绔之子，村市之夫，辇资而往，归家以缙绅自命，张盖乘舆，仆从如云，持大字刺，充斥衢巷，扬扬自得。"这种官威官谱，都是用钱买来的。鲁迅在《各种捐班》一文中讽刺了那些靠钱买官的财主少爷："清朝的中叶，要做官可以捐，叫做'捐班'的便是这一伙。财主少爷吃得油头光脸，忽而忙了几天，头上就有一粒水晶顶，有时还加上一枝蓝翎，满口官话，说是'今天天气好'了。"其中说的"忙了几天"，大概是在办交钱买官的事宜。

为什么有的人为了捐官，竟不惜卖掉家产？其实捐官的目的是发财，因此官场流行着这样一句话，叫作"千里为官只为财"。"官不为财，谁肯拿成万银子捐那大八成的花样呢？"（李伯元《活地狱》）捐官的都知道，"遍天底下买卖，只有做官的利钱最好"。"三年清知府，十万雪花银"已是官场上的老话了。清代欧阳昱《见闻琐录》说，捐官者一旦得到官，既要在官任上将捐官时借的款还清，又要为以后积储，所以污黩至极，"如委群羊于饿虎之口，虽有强弓毒矢在其后，亦必吞噬而无所顾"。连道光皇帝都说："我最不放心的是捐班，他们素不读书，将本求利，廉之一字，诚有难言。"

清代的"捐官"名目繁多，在《清史稿·选举志》里有详细记载，大体可分如下几种：

一是"捐实官"，花的钱最多。不过捐了就可以当差，有了机会就可以补缺额。没有缺的时候就等着。但也上衙门应卯。比如，捐的是京官，如郎中，或以下的员外郎、主事等职，就要分发到六部衙门点卯。如果这时正式编制的郎中、员外郎等没有缺额，那么这个捐官的人便是"额外郎中"，或"额外员外郎"等。如捐的是外官，就分发到各省，去做"后补道"、"后补知县"

第六章 中国古代的官吏与官场

等,都要等机会候实缺,才能"掌印把子"。这个机会就包括走门路,花更多的钱去运动了。

二是"捐出身",也就是说的"捐前程"。这大致又可分两种:其一是"记名",或叫"纪录"。纳捐之后,主管官吏分配考核的吏部便可记录下你的名字(包括三代简历),你就取得了做某级官员的资格。如果你家有财有势,不想去顶实缺,那就不必再花钱走门路,在家就可以穿官服,出门也可以摆官派了。其二是捐"虚衔"、"顶戴",就不必到吏部去"记名",到各部衙门应卯了,不过是一种荣誉"职称",只是可以穿戴这种官品的华丽官服,使用官用的车辆马匹,以及执事等罢了。

三是"官再捐官",就是小官花一笔钱可以捐个大官,后补的官花一笔钱就可以很快补缺,被革职的官还可以捐个复职。

四是"捐考试资格",即"纳银入监"。就是说花钱可以取得考举人必须具备的"监生"的资格。所谓"监生",就是国子监中读书的学生。花钱捐的监生就不必到国子监去读书了,却有了"监生"的名义,倒有点像今日的"同等学力"。因是用钱所捐,所以,"监生"在社会上被人看不起,常是小说、戏剧中讽刺的对象,就如《儒林外史》中吝啬出奇的严监生。

捐官一项在清代是弊端百出,黑幕重重,曹雪芹影射康、乾盛世的小说《红楼梦》对捐官内幕也颇多揭露。该书十三回谈到贾珍给儿子贾蓉捐官一事,捐官本是户部办理的事(户部是管财政、税务的,捐官本是一种筹款手段,因而由户部管理),贾珍不去找户部官吏,却去找太监。这个大太监叫戴权,"庚辰本"脂批:"妙,大权也。"实际是掌大权的。他公开卖官鬻爵,而且口气之大,无与伦比。户部堂官老赵,不是尚书,就是侍郎,都是朝廷高官,却都听这个大太监的任意指挥。

捐官本来是报效国家,为公筹资的方式,就这样被这些赃官污吏层层中饱给贪污了。《燕市积弊》云:"论商界名望最大,举动儿款式,莫过于金店。其中可分为金捐两行……所以能赚钱的,就仗着后柜办捐。前几年这行买卖,

清代官服

跟吏、户两部的书吏都有来往，柜上单有跑衙门的，不到文选司，就上捐纳房，不是查条儿，就是赶片子（可得二八余润），什么注册咧，核准咧，取结换照、交库上兑，外带着包揽，验放上班……即不十成部库上兑，岂非由性儿绕捐。省钱合例，一切虚衔顶戴，以及双月实官，各项升阶，很有大赚。"这金店代办捐官的内幕，给我们展示了正史中见不到的清代吏治弊政：捐官之普遍，捐官手续之复杂，捐官之黑幕重重，经手者有多么赚钱。一般捐官者，哪能像贾珍直接认识大太监戴权呢？为了打通层层关系，不知要花多少冤枉钱。

官场陋习："公宴"

明代人谢肇淛曾对当时盛行官场的吃喝风摇头感叹："曾谓周公作法于俭，而肯以饕餮训后世哉？"孰不知率先将看似寻常的饮食吃喝，装配成一整套政坛礼制的，正是这位"为万世作法"的周公。《周礼·天官》中"凡王之馈，食用六谷，膳用六牲，饮用六清，馐用百有二十品，珍用八物，酱用百有二十瓮"的记载，给来者接风的宴会，说是礼仪或是礼仪性的程序都行，吃喝费用，照例都由"公家"埋单。《汉书》卷八六上说，西汉后期，政局屡变，地方官调动频繁，"吏或居官数月而退，送故迎新，交错道路"，足见各衙门办理这项业务的频度之高。又据该书卷六四中关于朱买臣赴会稽接任太守职务的介绍"会稽闻太守且至，发民除道，县吏并送迎，车百余乘"云云，又可知这一席接风宴会，并不是八桌十桌便能打发的。到了魏晋南朝，其局面除请客之外，还要送礼，"受迎者唯恐船马之不多，见送者唯恨吏卒之常少，穷奢竭费谓之忠义，省烦从简呼为薄俗"，乃至各州郡都设置了称为"送故主簿"的专职官员。

下至唐朝，这个专办公宴的编制倒是取消了，更有实际意义的则是落实了专项资金。如唐代的各州县政府，均有官厨和宴设两个开支，官厨与机关食堂对接，宴设与招待宾客对接，请客对象也从既往的迎新送故，扩大到所有莅临本地检查工作的上级和过来去往出差上任的同僚。这一条改进，可从《唐会要》载"刺史虽非假日，或有宾客，须申宴钱者，听之"的规定得到证据。敦煌出土的唐代文献里，以及同书《掌客》等篇中一系列按等级配肴上菜、摆列方式、器皿使用，以及席间歌舞助兴等具体规定，都是他老人家

第六章 中国古代的官吏与官场

通过吃喝方式来缔造官本位文化的有力证据。

"六国灭，四海一"，据说中国的社会性质在此剧烈变动中，完成了由奴隶制向封建制的历史转折。然而公费宴请的传统不变，而且跟着生产力的进步，也在日益发展，四时八节之元正宴、冬至宴、寒食宴、中秋宴、重阳宴等等以外，又有皇帝登基的元会宴，建号改元的定鼎宴，皇帝祝寿的万寿宴，皇后祝寿的千秋宴，文科大试的鹿鸣宴和琼林宴，武科大试的鹰扬宴和会武宴，庆贺升官的烧尾宴，劝农春播的耕田宴，亲民敬老的千叟宴，封启印信的开印宴和封印宴……名目繁多，不一而足。以唐代为例，据《唐六典》卷四和卷十五记载，凡国定节假及各种诞辰纪念日，全国官员皆得举行宴会，其经费以"节日食料"名义特支，京师百官由光禄寺太官署供给。地方官员由各郡府州县自营，不足部分还可从官仓拨给。

《唐会要》载有一篇唐玄宗开元二十二年（734年）的诏敕："诸州千秋节，多有聚会，颇成靡费，自今已后，宜听五日一会，尽其欢宴，余两日休假而已。"唐代的千秋节，就是当朝皇帝的生日庆贺，官员可休假三天。因知在此之前，这三天全用来尽力吃喝，盛况可以想象。不过，一年三百六十五天，节庆假日毕竟有限，而古代机关的迎新送故及其流变——也许才是更具有典范意义的公费吃喝。

从头追溯，这项制度应该产生在秦始皇废除分封、广建郡县以后，因为各级地方政府的官员均由中央任免调配，于是便有了为去者钱别、有一份"唐某县供使破用账"，虽然已经残破，不能连读，但依然可辨是几次公费吃喝的记账，请客对象为出差路经本县的"马中丞"、"孙大夫"等，仅书姓氏和职称，看来那时的报销手续还是很简单的。

古代公宴图

宋朝的规模又增加一些，除迎新送故、招待过往，以及"圣节"（皇帝生日）、元日、冬至等节假庆贺，还有"旬设"之制，就是每旬一次用公费"宴犒"本地驻军将校，一定级别的文官例得入席，颇似一月三次军政联欢。南宋宁宗时制定的《庆元条法事类》又有放宽，特许每个月再增加一次没有名目的公费宴会。凡"点检"或商议"公事"、"出郊劝农"等，皆准"公筵"。至此，公费吃喝完成了从迎新送故到旁逸斜出的演变，吃节假庆贺，吃交际应酬，吃军政联欢，吃公事业务，吃点检视察……只要有题目，便可做文章。南宋孝宗时，平江太守王仲行与主管宗教、医药行政的祠官范致能、胡长文交情不薄，常用公费请客。

当然，这是特例。到了明清之际，公宴已然发展成为稀松平常的日常化制度了。

中国古代的朋党

在古代官场上，党同伐异是最常见的现象之一。这是一帮观点一致的，或者因为其他原因而聚成集团的官员攻击其他集团或其他派别的统称。集团、党派互相争吵，形成政治风潮，造成官场的分裂，有时甚至危及政权、皇朝的安危。

古代官场上的党争实际上与近代的党派斗争并不相同。古代的党派只是一个极为松散的联合体，这种党派在大多数情况下并不是由于不同的政见而形成的，往往是由于既得利益的不同、出身门第的不同、仕宦经历的不同、籍贯的不同，甚至只是党魁个人意气相恶而形成的。除了若干党派之外，党徒中的大多数只是跟着上官的跟随派，希望能够由此加官晋爵，并没有什么一贯的、固定的观点。

党争常常是官场的地震，是政治的祸害，所以历来被称为"党祸"。从皇帝的角度来看，有点党争，反而便于皇帝操纵政局。但是如果党争趋于激烈，震撼官场正常运作，这种党争就是皇帝所不愿意看见的。大多数皇帝遇到这种情况，只会采用严厉的镇压手段。这样做往往适得其反，是帮一派压一派，造成另一派势力的反弹，加重官场的震颤，直到统治解体为止。

古代把官场上的党派称为"朋党"。朋自古就有党羽、同类的意思，而且在表示这个意思的时候，一般是带贬义的。《尚书·泰誓》中说："朋家作仇，胁权相减"，据战国时儒家的解释，"朋家"与"朋党"同解，"臣下朋党，自为仇怨"。可见官场上把党派称为"朋党"由来已久，几乎与职业文官官场形成的同时就有了这种现象。

"朋党"一直是个带有贬义的称呼。《韩非子·有度》指责大臣们"交众与多，外内朋党，虽有大过，其蔽多矣"。《韩非子·饰邪》说山东各国"群臣朋党比周，以隐正道，行私曲"，结果是"地削主卑"。《荀子·臣道》：

第六章　中国古代的官吏与官场

"朋党比周，以环主图私为务，是篡臣者也。"可见无论是儒家还是法家，都认为大臣结党营私、排斥异己是危及君主统治的大祸害。后世也一直认为，"朋党"常常是指责政敌的工具。北宋中期，范仲淹入京为宰相，推行政治革新，欧阳修积极参与。可是没过几年，朝臣中反对改革的人弹劾范仲淹等人结为"朋党"，范仲淹等人被贬出朝廷。欧阳修有感而发，写了一篇《朋党论》，为"朋党"翻案。

　　在《朋党论》中，欧阳修毫不犹豫地为"朋党"正名，说只有君子才会结成真正的"朋党"，他们"所守者道义，所行者忠信，所惜者名节，以之修身，则同道而相益；以之事国，则同心而共济，终始如一"。而小人们拉党结派，不过是以利相聚。"当其同利之时，暂相党引以为朋者，伪也。及其见利而争先，或利尽而交疏，则反相贼害"。所以小人的朋党不过是"伪朋"。因此，皇帝对于官场上的党争应该"退小人之伪朋，用君子之真朋，则天下治矣"。

　　欧阳修《朋党论》公开后，得到了很多士大夫的欣赏，他的观点也影响了后世的官场，鼓励了朋党之争。朋党似乎成了一个中性的名称。但明太祖朱元璋制定《大明律》时特意创立了"奸党"罪名，处罚奸臣党徒，朋党从一种贬义称呼变为一项重罪。明律奸党罪的具体内容为：（1）官员进谗言激怒皇帝，使得没有死罪的官员被处死；或者巧言谏免犯有死罪官员的死刑；这就要处以斩监候（监禁至秋后处决，处决前再经由中央朝廷最高级官员的复审"秋审"）。（2）"若在朝官员交结朋党，紊乱朝政者"，凡朋党官员，一律处以斩监候，妻子为奴，财产入官。（3）主管司法审判的刑部官员受奸臣指使出入入罪。同样按上述条款处罚。（4）各衙门官员上书赞扬宰执大臣美德，也视同奸党处理，犯人处斩监候，妻子为奴，财产入官。（5）各衙门官员与太监及近侍人员互相交结，漏泄机密。双方都处斩监候，妻子流二千里安置。

　　朋党等于奸党，成为一种死罪，从此没有人再敢像欧阳修那样为朋党辩护。相反动辄指责、弹劾对方为"朋党"、"奸党"的风气更甚。官场上党争更烈。清康熙年间朝廷党争激烈，满族官员有权臣明珠为首的朋党，有索额图、噶礼为首的朋党；汉族官员有徐乾学、高士奇为首的朋党。康熙帝在罢了明珠的官职后，发表上谕说："今在廷诸臣，自大学以下，有职掌官员以上，全不恪勤乃职。唯知早出衙署，偷安自便，三五成群，互相交结，同年门生，相互援引倾陷，商谋私事，徇庇同党，图取货赂，作弊营私。"雍正皇帝上台后立即发表上谕："朋党恶习，起于明季，此风至今未息。尔大臣有（朋党）则痛改，无则永以为戒。"为了驳斥欧阳修君子真朋党的说法，肃清同情朋党的舆论，雍正帝亲自撰写《朋党论》，痛斥欧阳修的"俗儒陋见"。宣称："为人臣者，义当唯知有君，则其情固结而不可解，而能与君同好恶。夫是之谓一德一心，而上下交。"也就是说，君子士大夫既然是君主的大臣，就得一心一意侍奉君主，不可以自己交结，"横向联系"，而应该与君主同好恶，以君主为轴心而拱卫君主。除了君臣之义，更没有什么别的道义可以让官员聚在一起。聚在一起臭味相投的就必定是小人，就是朋党、奸党。雍正帝曾宣称："朋党小人，自古帝王之所必诛。"还举例唐虞之世，有共工、驩兜等"四凶"结党，被舜处以流放，所以后世明君更有理由严惩朋党小人。

有关朋党的争辩和奸党的死罪，实际上从来没有能够禁绝官场上朋党现象。像欧阳修所说的那样"物以类聚，人以群分"的结成朋党现象，在历史上确实是曾经有过，确实有过"君子朋党"与"小人朋党"。也有的朋党是由政治见解、学术见解的不同而结成的，这在历史上称之为"君子党争"。然而更多的朋党是官场上不同利益集团的表现，为了各自的既得利益，官员们拉帮结派，党同伐异。另外，科举考试中的"同年"，座主（主考官）与门生，也会结成朋党。官场上的老上级、老部下、老同僚，也可形成朋党；尤其是保举的推荐人与被荐人之间，更是形成特殊的人际关系。官场上的同乡、同学也是结党的一大动力。朝廷的朝官、京官有朋党，各地方大员的府署中、各级地方官中也有朋党。个别的朋党人员总是在各党之间辗转徘徊，寻找机会，而整个朋党集团常常门户很深，彼此势同水火。

知识链接

为科举而筹备的宴会

唐代对科举入选的人才，给予很高的礼遇和荣誉。解试合格后，由州县长官举行宴会，宴请考官、学政及中试诸生。宴会采用西周乡饮酒礼的

第六章 中国古代的官吏与官场

仪式，歌《鹿鸣》诗（《诗经·小雅·鹿鸣》章），待以宾礼，这个宴会称为鹿鸣宴。宋代为殿试文武两榜状元设宴，同年团拜，亦称鹿鸣宴。明清两代于乡试放榜次日设宴，歌《鹿鸣》，作魁星舞，以巡抚主其事，内外帘官、新科举人皆预宴，沿称鹿鸣宴。

唐时礼部试后，进士放榜，集钱大宴于曲江亭子，称曲江宴，也称闻喜宴、探花宴。宴会之日，以进士少俊者两人为探花使，遍游名园，折取名花。孟郊《登科后》诗说："春风得意马蹄疾，一日看尽长安花。"新进士荣耀无比的神情跃然纸上。后唐明宗天成二年，诏命新进士闻喜之宴，年赐钱四百贯。宋太宗端拱元年从知贡举宋白议，于是决定由朝廷置宴，皇帝及大臣赐诗以示宠异。因曾设宴于琼林苑（在汴京城西），故又称琼林宴。辽时曾设宴于内果园或礼部，亦沿用此称。元代赐宴新进士于翰林院，明清两代设宴于礼部，都称恩荣宴。由大臣主席，预试各官均参加。恩荣宴也通称琼林宴。

图片授权

全景网

壹图网

中华图片库

林静文化摄影部

敬　启

本书图片的编选，参阅了一些网站和公共图库。由于联系上的困难，我们与部分入选图片的作者未能取得联系，谨致深深的歉意。敬请图片原作者见到本书后，及时与我们联系，以便我们按国家有关规定支付稿酬并赠送样书。

联系邮箱：932389463@qq.com

参考书目

1. 刘昭祥，王晓卫．中国史话：军制史话．北京：社会科学文献出版社．2011．
2. 张旭华．魏晋南北朝官制论集．郑州：大象出版社．2011．
3. 谢保成．官制史话．北京：社会科学文献出版社．2011．
4. 刘焱著．中国封建帝制下的官制沿袭．北京：中国文史出版社．2011．
5. 谢俊美，田玉洪．中国读本——中国古代官制．北京：中国国际广播出版社．2010．
6. 陈壁耀．点读中国传统文化：皇帝与官制．银川：宁夏人民出版社．2009．
7. 李世愉，孟彦弘．中国古代官制概论．北京：中国社会科学出版社．2009．
8. 李理．清代官制与服饰．沈阳：辽宁民族出版社．2009．
9. 郑海峰．中国古代官制研究．天津：天津人民出版社．2007．
10. 安作璋，熊铁基．秦汉官制史稿．济南：齐鲁书社．2007．
11. 王超．中国历代中央官制史．上海：上海人民出版社．2005．
12. 韦庆远，柏桦．中国官制史．上海：东方出版中心．2001．
13. 王天有．中国古代官制．北京：商务印书馆．1997．
14. 孔令纪．中国历代官制．济南：齐鲁书社．1993．

中国传统民俗文化丛书

一、古代人物系列（9本）
    1. 中国古代乞丐
    2. 中国古代道士
    3. 中国古代名帝
    4. 中国古代名将
    5. 中国古代名相
    6. 中国古代文人
    7. 中国古代高僧
    8. 中国古代太监
    9. 中国古代侠士

二、古代民俗系列（8本）
    1. 中国古代民俗
    2. 中国古代玩具
    3. 中国古代服饰
    4. 中国古代丧葬
    5. 中国古代节日
    6. 中国古代面具
    7. 中国古代祭祀
    8. 中国古代剪纸

三、古代收藏系列（16本）
    1. 中国古代金银器
    2. 中国古代漆器
    3. 中国古代藏书
    4. 中国古代石雕
    5. 中国古代雕刻
    6. 中国古代书法
    7. 中国古代木雕
    8. 中国古代玉器
    9. 中国古代青铜器
    10. 中国古代瓷器
    11. 中国古代钱币
    12. 中国古代酒具
    13. 中国古代家具
    14. 中国古代陶器
    15. 中国古代年画
    16. 中国古代砖雕

四、古代建筑系列（12本）
    1. 中国古代建筑
    2. 中国古代城墙
    3. 中国古代陵墓
    4. 中国古代砖瓦
    5. 中国古代桥梁
    6. 中国古塔
    7. 中国古镇
    8. 中国古代楼阁
    9. 中国古都
    10. 中国古代长城
    11. 中国古代宫殿
    12. 中国古代寺庙

五、古代科学技术系列（14本）

1. 中国古代科技
2. 中国古代农业
3. 中国古代水利
4. 中国古代医学
5. 中国古代版画
6. 中国古代养殖
7. 中国古代船舶
8. 中国古代兵器
9. 中国古代纺织与印染
10. 中国古代农具
11. 中国古代园艺
12. 中国古代天文历法
13. 中国古代印刷
14. 中国古代地理

六、古代政治经济制度系列（13本）

1. 中国古代经济
2. 中国古代科举
3. 中国古代邮驿
4. 中国古代赋税
5. 中国古代关隘
6. 中国古代交通
7. 中国古代商号
8. 中国古代官制
9. 中国古代航海
10. 中国古代贸易
11. 中国古代军队
12. 中国古代法律
13. 中国古代战争

七、古代文化系列（17本）

1. 中国古代婚姻
2. 中国古代武术
3. 中国古代城市
4. 中国古代教育
5. 中国古代家训
6. 中国古代书院
7. 中国古代典籍
8. 中国古代石窟
9. 中国古代战场
10. 中国古代礼仪
11. 中国古村落
12. 中国古代体育
13. 中国古代姓氏
14. 中国古代文房四宝
15. 中国古代饮食
16. 中国古代娱乐
17. 中国古代兵书

八、古代艺术系列（11本）

1. 中国古代艺术
2. 中国古代戏曲
3. 中国古代绘画
4. 中国古代音乐
5. 中国古代文学
6. 中国古代乐器
7. 中国古代刺绣
8. 中国古代碑刻
9. 中国古代舞蹈
10. 中国古代篆刻
11. 中国古代杂技